ॐ

BHAGAVAD GITA RECITATION

Ashwini Kumar Aggarwal

जय गुरुदेव

ॐ

ISBN13: 978-93-48012-70-8 Paperback Edition
ISBN13: 978-93-48012-99-9 Hardbound Edition
Digital Edition also available

Title: **Bhagavad Gita Recitation**
Author: **Ashwini Kumar Aggarwal**

25th August 2016 Sri Krishna Janmaashtami

Printed and Published by
Devotees of Sri Sri Ravi Shankar Ashram
The Art of Living Centre
147 Punjabi Bagh, Patiala 147001
Punjab, India
Website advaita56.weebly.com

1st Edition August 2016

Dedication

H H Sri Sri Ravi Shankar
for nurturing inspiring supporting

H H Swami Chinmayananda Saraswati
for establishing the recitation of the Gita around the globe

Preface

Correct pronounciation of the Gita enhances the effect on one's nervous system. It creates healthy vibrations that align our mind, body and soul to wisdom.

For reading aloud the Gita, the Avagraha ऽ and the Visarga ः need special mention.

An avagraha signifies that an अ has been dropped due to sandhi rules, and hence it is a silent character. Recite प्रथमोऽध्यायः as प्रथमोध्यायः , Chap2.14 आगमापायिनोऽनित्याः as आगमापायिनोनित्याः , etc.

A visarga is to be pronounced aspirated ह followed by the sound of the previous vowel. नमः is chanted नमह ,

Chap2.41 बुद्धिः is chanted बुद्धिहि ,

Chap2.43 स्वर्गपराः is chanted स्वर्गपराहा ,

Chap2.47 कर्मफलहेतुर्भूः is कर्मफलहेतुर्भूहू , etc.
This rule is valid whenever a visarga is followed by a pause or a verse end.

Also, a Visarga in close proximity with another letter becomes a new letter and is pronounced accordingly. ***This is reflected in this edition of the Gita by substituting that letter instead of the visarga.*** (popular editions of the Gita show the visarga only).

Further, note that a Visarga changes to

ArdhaVisarga ᳵ in front of क , ख , प , फ ।

ArdhaVisarga ᳵ facing क , ख is chanted ह्

ArdhaVisarga ᳵ facing प , फ is chanted फ्

Due to Sandhi rules, reading aloud is not the same as the written text one finds in popular editions of the Gita.

This Gita is meant to be Read Aloud. Using correct rules of Paninian Grammar, and proof read by Sanskrit scholars and pundits, this book gives all the verses *as they are to be Recited*.

HAPPY CHANTING !

Table of Contents

Gita Dhyanam

ॐ पार्थाय प्रतिबोधितां भगवता नारायणेन स्वयम् ,
व्यासेन ग्रथितां पुराणमुनिना मध्येमहाभारतम् ।
अद्वैतामृतवर्षिणीं भगवतीम् अष्टादशाध्यायिनीम् ,
अम्ब त्वाम् अनुसन्दधामि भगवद्गीते भवद्वेषिणीम् ॥ १

नमोऽस्तु ते व्यास विशालबुद्धे , फुल्लारविन्दायतपत्रनेत्र ।
येन त्वया भारततैलपूर्णः ,
प्रज्वालितो ज्ञानमयऽ प्रदीपः ॥ २

प्रपन्नपारिजाताय तोत्रवेत्रैकपाणये ।
ज्ञानमुद्राय कृष्णाय गीतामृतदुहे नमः ॥ ३

सर्वोपनिषदो गावः , दोग्धा गोपालनन्दनः ।
पार्थो वत्सः सुधीर्भोक्ता दुग्धं गीतामृतं महत् ॥ ४

वसुदेवसुतं देवं कंसचाणूरमर्दनम् ।
देवकीपरमानन्दं कृष्णं वन्दे जगद्गुरुम् ॥ ५

भीष्मद्रोणतटा जयद्रथजला गान्धारनीलोत्पला

शल्यग्राहवती कृपेण वहनी कर्णेन वेलाकुला ।

अश्वत्थामविकर्णघोरमकरा दुर्योधनावर्त्तिनी ,

सोत्तीर्णा खलु पाण्डवै रणनदी कैवर्तकःकेशवः ॥ ६

पाराशर्यवचः सरोजममलं गीतार्थगन्धोत्कटं ,

नानाख्यानककेसरं हरिकथा , सम्बोधनाबोधितम् ।

लोके सज्जनषट्पदैरहरहः , पेपीयमानं मुदा ,

भूयाद्भारतपङ्कजं कलिमलप्रध्वंसि नः श्रेयसे ॥ ७

मूकं करोति वाचालं , पङ्गुं लङ्घयते गिरिम् ।

यत्कृपा तमहं वन्दे , परमानन्दमाधवम् ॥ ८

यं ब्रह्मा वरुणेन्द्ररुद्रमरुतः , स्तुन्वन्ति दिव्यैः स्तवैः ,

वेदैः साङ्गपदक्रमोपनिषदैः , गायन्ति यं सामगाः ।

ध्यानावस्थिततद्गतेन मनसा , पश्यन्ति यं योगिनः ,

यस्यान्तं न विदुः सुरासुरगणाः , देवाय तस्मै नमः

॥ ९ ॥

Beginning Invocation

ॐ नमो भगवते वासुदेवाय

ॐ नमो भगवते वासुदेवाय

ॐ नमो भगवते वासुदेवाय

ॐ नमो भगवते वासुदेवाय

Bhagavad Gita Recitation

श्रीमद् भगवद् गीता

ॐ श्री परमात्मने नमः । अथ प्रथमोऽध्यायः

धृतराष्ट्र उवाच

धर्मक्षेत्रे कुरुक्षेत्रे , समवेता युयुत्सवः ।

मामकाः पाण्डवाश्चैव , किम् अकुर्वत सञ्जय ॥ १

सञ्जय उवाच

दृष्ट्वा तु पाण्डवानीकम् , व्यूढं दुर्योधनस् तदा ।

आचार्यम् उपसङ्गम्य , राजा वचनम् अब्रवीत् ॥ २

पश्यैतां पाण्डुपुत्राणाम् , आचार्य महतीं चमूम् ।

व्यूढां द्रुपदपुत्रेण , तव शिष्येण धीमता ॥ ३

अत्र शूरा महेष्वासाः , भीमार्जुनसमा युधि ।

युयुधानो विराटश्च , द्रुपदश्च महारथः ॥ ४

धृष्टकेतुश् चेकितानः , काशिराजश्च वीर्यवान् ।

पुरुजित् कुन्तिभोजश्च , शैब्यश्च नरपुङ्गवः ॥ ५

युधामन्युश्च विक्रान्तः , उत्तमौजाश्च वीर्यवान् ।

सौभद्रो द्रौपदेयाश्च , सर्व एव महारथाः ॥ ६

अस्माकं तु विशिष्टा ये , तान् निबोध द्विजोत्तम ।

नायका मम सैन्यस्य , सञ्ज्ञार्थं तान् ब्रवीमि ते ॥ ७

भवान् भीष्मश्च कर्णश्च , कृपश्च समितिञ्जयः ।

अश्वत्थामा विकर्णश्च , सौमदत्तिस् तथैव च ॥ ८

अन्ये च बहवश् शूराः , मदर्थे त्यक्तजीविताः ।

नानाशस्त्रप्रहरणाः , सर्वे युद्धविशारदाः ॥ ९

अपर्याप्तं तद् अस्माकम् , बलं भीष्माभिरक्षितम् ।

पर्याप्तं त्विदम् एतेषाम् , बलं भीमाभिरक्षितम् ॥ १०

अयनेषु च सर्वेषु , यथाभागम् अवस्थिताः ।

भीष्मम् एवाभिरक्षन्तु , भवन्तस् सर्व एव हि ॥ ११

तस्य सञ्जनयन् हर्षम् , कुरुवृद्धᳶ पितामहः ।

सिंहनादं विनद्योच्चैः , शङ्खं दध्मौ प्रतापवान् ॥ १२

ततश् शङ्खाश्च भेर्यश्च , पणवानकगोमुखाः ।

सहसैवाभ्यहन्यन्त , स शब्दस् तुमुलोऽभवत् ॥ १३

ततश् श्वेतैर् हयैर्युक्ते , महति स्यन्दने स्थितौ ।

माधवꣳ पाण्डवश्चैव , दिव्यौ शङ्खौ प्रदध्मतुः ॥ १४

पाञ्चजन्यं हृषीकेशः , देवदत्तं धनञ्जयः ।

पौण्डं दध्मौ महाशङ्खम् , भीमकर्मा वृकोदरः ॥ १५

अनन्तविजयं राजा , कुन्तीपुत्रो युधिष्ठिरः ।

नकुलस् सहदेवश्च , सुघोषमणिपुष्पकौ ॥ १६

काश्यश्च परमेष्वासः , शिखण्डी च महारथः ।

धृष्टद्युम्नो विराटश्च , सात्यकिश् चापराजितः ॥ १७

द्रुपदो द्रौपदेयाश्च , सर्वशꣳ पृथिवीपते ।

सौभद्रश्च महाबाहुः , शङ्खान् दध्मुꣳ पृथक् पृथक् ॥ १८

स घोषो धार्तराष्ट्राणाम् , हृदयानि व्यदारयत् ।

नभश्च पृथिवीं चैव , तुमुलो व्यनुनादयन् ॥ १९

अथ व्यवस्थितान् दृष्ट्वा , धार्तराष्ट्रान् कपिध्वजः ।

प्रवृत्ते शस्त्रसम्पाते , धनुरुद्यम्य पाण्डवः ॥ २०

हृषीकेशं तदा वाक्यम् , इदम् आह महीपते ।

अर्जुन उवाच

सेनयोरुभयोर् मध्ये , रथं स्थापय मेऽच्युत ॥ २१

यावद् एतान् निरीक्षेऽहम् , योद्धुकामान् अवस्थितान् ।

कैर्मया सह योद्धव्यम् , अस्मिन् रणसमुद्यमे ॥ २२

योत्स्यमानान् अवेक्षेऽहम् , य एतेऽत्र समागताः ।

धार्तराष्ट्रस्य दुर्बुद्धेः , युद्धे प्रियचिकीर्षवः ॥ २३

सञ्जय उवाच

एवम् उक्तो हृषीकेशः , गुडाकेशेन भारत ।

सेनयोरुभयोर् मध्ये , स्थापयित्वा रथोत्तमम् ॥ २४

भीष्मद्रोणप्रमुखतः , सर्वेषां च महीक्षिताम् ।

उवाच पार्थ पश्यैतान् , समवेतान् कुरूनिति ॥ २५

तत्रापश्यत् स्थितान् पार्थः , पितॄनथ पितामहान् ।

आचार्यान् मातुलान् भ्रातॄन् ,

पुत्रान् पौत्रान् सखींस् तथा ॥ २६

श्वशुरान् सुहृदश् चैव , सेनयोरुभयोरपि ।

तान् समीक्ष्य स कौन्तेयः ,सर्वान् बन्धून् अवस्थितान् ॥ २७

कृपया परयाविष्टः , विषीदन्निदम् अब्रवीत् ।

अर्जुन उवाच

दृष्ट्वेमं स्वजनं कृष्ण , युयुत्सुं समुपस्थितम् ॥ २८

सीदन्ति मम गात्राणि , मुखं च परिशुष्यति ।

वेपथुश्च शरीरे मे , रोमहर्षश् च जायते ॥ २९

गाण्डीवं स्रम्सते हस्तात् , त्वक्चैव परिदह्यते ।

न च शक्नोम्यवस्थातुम् , भ्रमतीव च मे मनः ॥ ३०

निमित्तानि च पश्यामि , विपरीतानि केशव ।

न च श्रेयोऽनुपश्यामि , हत्वा स्वजनमाहवे ॥ ३१

न काङ्क्षे विजयं कृष्ण , न च राज्यं सुखानि च ।

किं नो राज्येन गोविन्द , किं भोगैर् जीवितेन वा ॥ ३२

येषाम् अर्थे काङ्क्षितं नः , राज्यं भोगास् सुखानि च ।

त इमेऽवस्थिता युद्धे , प्राणांस् त्यक्त्वा धनानि च ॥ ३३

आचार्याᳶ पितरᳶ पुत्राः , तथैव च पितामहाः ।

मातुलाश् श्वशुराᳶ पौत्राः ,

श्यालास् सम्बन्धिनस् तथा ॥ ३४

एतान् न हन्तुम् इच्छामि , घ्नतोऽपि मधुसूदन ।

अपि त्रैलोक्यराज्यस्य , हेतोᳵ किं नु महीकृते ॥ ३५

निहत्य धार्तराष्ट्रान् नः , का प्रीतिस् स्याज् जनार्दन ।

पापम् एवाश्रयेद् अस्मान् , हत्वैतान् आततायिनः ॥ ३६

तस्मान् नार्हा वयं हन्तुम् , धार्तराष्ट्रान् स्वबान्धवान् ।

स्वजनं हि कथं हत्वा , सुखिनस् स्याम माधव ॥ ३७

यद्यप्येते न पश्यन्ति , लोभोपहतचेतसः ।

कुलक्षयकृतं दोषम् , मित्रद्रोहे च पातकम् ॥ ३८

कथं न ज्ञेयम् अस्माभिः , पापाद् अस्मान् निवर्तितुम् ।

कुलक्षयकृतं दोषम् , प्रपश्यद्भिर् जनार्दन ॥ ३९

कुलक्षये प्रणश्यन्ति , कुलधर्मास् सनातनाः ।

धर्मे नष्टे कुलं कृत्स्नम् , अधर्मोऽभिभवत्युत ॥ ४०

अधर्माभिभवात् कृष्ण , प्रदुष्यन्ति कुलस्त्रियः ।

स्त्रीषु दुष्टासु वार्ष्णेय , जायते वर्णसङ्करः ॥ ४१

सङ्करो नरकायैव , कुलघ्नानां कुलस्य च ।

पतन्ति पितरो ह्येषां , लुप्तपिण्डोदकक्रियाः ॥ ४२

दोषैरेतैः कुलघ्नानाम् , वर्णसङ्करकारकैः ।

उत्साद्यन्ते जातिधर्माः , कुलधर्माश्च शाश्वताः ॥ ४३

उत्सन्नकुलधर्माणाम् , मनुष्याणां जनार्दन ।

नरकेऽनियतं वासः , भवतीत्यनुशुश्रुम ॥ ४४

अहो बत महत् पापम् , कर्तुं व्यवसिता वयम् ।

यद् राज्यसुखलोभेन , हन्तुं स्वजनमुद्यताः ॥ ४५

यदि माम् अप्रतीकारम् , अशस्त्रं शस्त्रपाणयः ।

धार्तराष्ट्रा रणे हन्युः , तन्मे क्षेमतरं भवेत् ॥ ४६

सञ्जय उवाच

एवम् उक्त्वार्जुनस् सङ्ख्ये , रथोपस्थ उपाविशत् ।

विसृज्य सशरं चापम् , शोकसंविग्नमानसः ॥ ४७

ॐ तत् सत् ।

इति श्रीमद्भगवद्गीतासु , उपनिषत्सु , ब्रह्मविद्यायां ,

योगशास्त्रे , श्रीकृष्णार्जुनसंवादे

अर्जुन-विषाद-योगो नाम , प्रथमोऽध्यायः

॥ १ ॥

ॐ श्री परमात्मने नमः । अथ द्वितीयोऽध्यायः

सञ्जय उवाच

तं तथा कृपयाविष्टम् , अश्रुपूर्णाकुलेक्षणम् ।

विषीदन्तम् इदं वाक्यम् , उवाच मधुसूदनः ॥ १

श्री भगवान् उवाच

कुतस् त्वा कश्मलम् इदम् , विषमे समुपस्थितम् ।

अनार्यजुष्टम् अस्वर्ग्यम् , अकीर्तिकरमर्जुन ॥ २

क्लैब्यं मा स्म गमः पार्थ , नैतत्त्वय्युपपद्यते ।

क्षुद्रं हृदय-दौर्बल्यम् , त्यक्त्वोत्तिष्ठ परन्तप ॥ ३

अर्जुन उवाच

कथं भीष्ममहं सङ्ख्ये , द्रोणं च मधुसूदन ।

इषुभिः प्रति योत्स्यामि , पूजार्-हावरिसूदन ॥ ४

गुरूनहत्वा हि महानुभावान् ,

श्रेयो भोक्तुं भैक्ष्यम् अपीह लोके ।

हत्वार्थकामांस्तु गुरूनिहैव ,

भुञ्जीय भोगान् रुधिरप्रदिग्धान् ॥ ५

न चैतद् विद्मः कतरन्नो गरीयः ,

यद्वा जयेम यदि वा नो जयेयुः ।

यानेव हत्वा न जिजीविषामः ,

तेऽवस्थिताः प्रमुखे धार्तराष्ट्राः ॥ ६

कार्पण्य-दोषो-पहत-स्वभावः ,

पृच्छामि त्वां धर्मसम्मूढचेताः ।

यच्छ्रेयस् स्यान् निश्चितं ब्रूहि तन्मे ,

शिष्यस्तेऽहं शाधि मां त्वां प्रपन्नम् ॥ ७

न हि प्रपश्यामि ममापनुद्याद् ,

यच्छोकमुच्छोषणम् इन्द्रियाणाम् ।

अवाप्य भूमावसपत्नमृद्धम् ,

राज्यम् सुराणाम् अपि चाधिपत्यम् ॥ ८

सञ्जय उवाच

एवम् उक्त्वा हृषीकेशम् , गुडाकेशऽ परन्तपः ।

न योत्स्य इति गोविन्दम् , उक्त्वा तूष्णीं बभूव ह ॥ ९

तमुवाच हृषीकेशः , प्रहसन्निव भारत ।

सेनयोरुभयोर् मध्ये , विषीदन्तम् इदं वचः ॥ १०

श्री भगवान् उवाच

अशोच्यान् अन्वशोचस्त्वम् , प्रज्ञावादांश्च भाषसे ।

गतासून् अगतासूंश्च , नानुशोचन्ति पण्डिताः ॥ ११

न त्वेवाहं जातु नासम् , न त्वं नेमे जनाधिपाः ।

न चैव न भविष्यामः , सर्वे वयमतऽ परम् ॥ १२

देहिनोऽस्मिन् यथा देहे , कौमारं यौवनं जरा ।

तथा देहान्तरप्राप्तिः , धीरस्तत्र न मुह्यति ॥ १३

मात्रास्पर्शास् तु कौन्तेय , शीतोष्णसुखदुःखदाः ।

आगमापायिनोऽनित्याः , तांस्तितिक्षस्व भारत ॥ १४

यं हि न व्यथयन्त्येते , पुरुषं पुरुषर्षभ ।

समदुःखसुखं धीरम् , सोऽमृतत्वाय कल्पते ॥ १५

नासतो विद्यते भावः , नाभावो विद्यते सतः ।

उभयोरपि दृष्टोऽन्तः , त्वनयोस् तत्त्वदर्शिभिः ॥ १६

अविनाशि तु तद् विद्धि , येन सर्वम् इदं ततम् ।

विनाशम् अव्ययस्यास्य , न कश्चित् कर्तुमर्हति ॥ १७

अन्तवन्त इमे देहाः , नित्यस्योक्ताश् शरीरिणः ।

अनाशिनोऽप्रमेयस्य , तस्माद् युध्यस्व भारत ॥ १८

य एनं वेत्ति हन्तारम् , यश्चैनं मन्यते हतम् ।

उभौ तौ न विजानीतः , नायं हन्ति न हन्यते ॥ १९

न जायते म्रियते वा कदाचित् ,

नायं भूत्वा भविता वा न भूयः ।

अजो नित्यश् शाश्वतोऽयं पुराणः ,

न हन्यते हन्यमाने शरीरे ॥ २०

वेदाविनाशिनं नित्यम् , य एनम् अजम् अव्ययम् ।

कथं स पुरुषॢ पार्थ , कं घातयति हन्ति कम् ॥ २१

वासांसि जीर्णानि यथा विहाय ,

नवानि *गृह्णाति* नरोऽपराणि ।

तथा शरीराणि विहाय जीर्णानि ,

अन्यानि संयाति नवानि देही ॥ २२

नैनं छिन्दन्ति शस्त्राणि , नैनं दहति पावकः ।

न चैनं क्लेदयन्त्यापः , न शोषयति मारुतः ॥ २३

अच्छेद्योऽयम् अदाह्योऽयम् , अक्लेद्योऽशोष्य एव च ।

नित्यस् सर्वगतस् स्थाणुः , अचलोऽयं सनातनः ॥ २४

अव्यक्तोऽयम् अचिन्त्योऽयम् , अविकार्योऽयम् उच्यते ।

तस्माद् एवं विदित्वैनम् , नानुशोचितुम् अर्हसि ॥ २५

अथ चैनं नित्यजातम् , नित्यं वा मन्यसे मृतम् ।

तथापि त्वं महाबाहो , नैवं शोचितुम् अर्हसि ॥ २६

जातस्य हि ध्रुवो मृत्युः , ध्रुवं जन्म मृतस्य च ।

तस्माद् अपरिहार्येऽर्थे , न त्वं शोचितुम् अर्हसि ॥ २७

अव्यक्तादीनि भूतानि , व्यक्तमध्यानि भारत ।

अव्यक्तनिधनान्येव , तत्र का परिदेवना ॥ २८

आश्चर्यवत् पश्यति कश्चिद् एनम् ,

आश्चर्यवद् वदति तथैव चान्यः ।

आश्चर्यवच् चैनमन्यश् श्रृणोति ,

श्रुत्वाप्येनं वेद न चैव कश्चित् ॥ २९

देही नित्यम् अवध्योऽयं , देहे सर्वस्य भारत ।

तस्मात् सर्वाणि भूतानि , न त्वं शोचितुम् अर्हसि ॥ ३०

स्वधर्मम् अपि चावेक्ष्य , न विकम्पितुम् अर्हसि ।

धर्म्याद्धि युद्धाच्छ्रेयोऽन्यत् , क्षत्रियस्य न विद्यते ॥ ३१

यदृच्छया चोपपन्नं , स्वर्गद्वारम् अपावृतम् ।

सुखिनः क्षत्रियाः पार्थ , लभन्ते युद्धमीदृशम् ॥ ३२

अथ चेत् त्वमिमं धर्म्यम् , सङ्ग्रामं न करिष्यसि ।

ततस् स्वधर्मं कीर्तिं च , हित्वा पापम् अवाप्स्यसि ॥ ३३

अकीर्तिं चापि भूतानि , कथयिष्यन्ति तेऽव्ययाम् ।

सम्भावितस्य चाकीर्तिः , मरणादतिरिच्यते ॥ ३४

भयाद् रणाद् उपरतम् , मंस्यन्ते त्वां महारथाः ।

येषां च त्वं बहुमतः , भूत्वा यास्यसि लाघवम् ॥ ३५

अवाच्यवादांश्च बहून् , वदिष्यन्ति तवाहिताः ।

निन्दन्तस् तव सामर्थ्यम् , ततो दुःखतरं नु किम् ॥ ३६

हतो वा प्राप्स्यसि स्वर्गम् , जित्वा वा भोक्ष्यसे महीम् ।

तस्माद् उत्तिष्ठ कौन्तेय , युद्धाय कृतनिश्चयः ॥ ३७

सुखदुःखे समे कृत्वा , लाभालाभौ जयाजयौ ।

ततो युद्धाय युज्यस्व , नैवं पापम् अवाप्स्यसि ॥ ३८

एषा तेऽभिहिता साङ्ख्ये , बुद्धिर् योगे त्विमां शृणु ।

बुद्ध्या युक्तो यया पार्थ , कर्मबन्धं प्रहास्यसि ॥ ३९

नेहाभिक्रमनाशोऽस्ति , प्रत्यवायो न विद्यते ।

स्वल्पम् अप्यस्य धर्मस्य , त्रायते महतो भयात् ॥ ४०

व्यवसायात्मिका बुद्धिः , एकेह कुरुनन्दन ।

बहुशाखा ह्यनन्ताश्च , बुद्धयोऽव्यवसायिनाम् ॥ ४१

याम् इमां पुष्पितां वाचम् , प्रवदन्त्यविपश्चितः ।

वेदवादरताः पार्थ , नान्यदस्तीति वादिनः ॥ ४२

कामात्मानस् स्वर्गपराः , जन्मकर्मफलप्रदाम् ।

क्रियाविशेषबहुलाम् , भोगैश्वर्यगतिं प्रति ॥ ४३

भोगैश्वर्यप्रसक्तानाम् , तयापहृतचेतसाम् ।

व्यवसायात्मिका बुद्धिः , समाधौ न विधीयते ॥ ४४

त्रैगुण्यविषया वेदाः , निस्त्रैगुण्यो भवार्जुन ।

निर् द्वन्द्वो नित्यसत्त्वस्थः , निर्योगक्षेम आत्मवान् ॥ ४५

यावानर्थ उदपाने , सर्वतस् सम्प्लुतोदके ।

तावान् सर्वेषु वेदेषु , ब्राह्मणस्य विजानतः ॥ ४६

कर्मण्येवाधिकारस्ते , मा फलेषु कदाचन ।

मा कर्मफलहेतुर् भूः , मा ते सङ्गोऽस्त्वकर्मणि ॥ ४७

योगस्थ≍ कुरु कर्माणि , सङ्गं त्यक्त्वा धनञ्जय ।

सिद्ध्यसिद्ध्योस् समो भूत्वा ,

समत्वं योग उच्यते ॥ ४८

दूरेण ह्यवरं कर्म , बुद्धियोगाद् धनञ्जय ।

बुद्धौ शरणम् अन्विच्छ , कृपणा≍ फलहेतवः ॥ ४९

बुद्धियुक्तो जहातीह , उभे सुकृतदुष्कृते ।

तस्माद् योगाय युज्यस्व , योग≍ कर्मसु कौशलम् ॥ ५०

कर्मजं बुद्धियुक्ता हि , फलं त्यक्त्वा मनीषिणः ।

जन्मबन्धविनिर्मुक्ताः , पदं गच्छन्त्यनामयम् ॥ ५१

यदा ते मोहकलिलम् , बुद्धिर् व्यतितरिष्यति ।

तदा गन्तासि निर्वेदम् , श्रोतव्यस्य श्रुतस्य च ॥ ५२

श्रुतिविप्रतिपन्ना ते , यदा स्थास्यति निश्चला ।

समाधावचला बुद्धिः , तदा योगम् अवाप्स्यसि ॥ ५३

अर्जुन उवाच

स्थितप्रज्ञस्य का भाषा , समाधिस्थस्य केशव ।

स्थितधीः किं प्रभाषेत , किम् आसीत व्रजेत किम् ॥ ५४

श्री भगवान् उवाच

प्रजहाति यदा कामान् , सर्वान् पार्थ मनोगतान् ।

आत्मन्येवात्मना तुष्टः , स्थितप्रज्ञस् तदोच्यते ॥ ५५

दुःखेष्वनुद्विग्नमनाः , सुखेषु विगतस्पृहः ।

वीतरागभयक्रोधः , स्थितधीर् मुनिर् उच्यते ॥ ५६

यस् सर्वत्रानभिस्नेहः , तत् तत् प्राप्य शुभाशुभम् ।

नाभिनन्दति न द्वेष्टि , तस्य प्रज्ञा प्रतिष्ठिता ॥ ५७

यदा संहरते चायम् , कूर्मोऽङ्गानीव सर्वशः ।

इन्द्रियाणीन्द्रियार्थेभ्यः , तस्य प्रज्ञा प्रतिष्ठिता ॥ ५८

विषया विनिवर्तन्ते , निराहारस्य देहिनः ।

रसवर्जं रसोऽप्यस्य , परं दृष्ट्वा निवर्तते ॥ ५९

यततो ह्यपि कौन्तेय , पुरुषस्य विपश्चितः ।

इन्द्रियाणि प्रमाथीनि , हरन्ति प्रसभं मनः ॥ ६०

तानि सर्वाणि संयम्य , युक्त आसीत मत्परः ।

वशे हि यस्येन्द्रियाणि , तस्य प्रज्ञा प्रतिष्ठिता ॥ ६१

ध्यायतो विषयान् पुंसः , सङ्गस्तेषूपजायते ।

सङ्गात् सञ्जायते कामः , कामात् क्रोधोऽभिजायते ॥ ६२

क्रोधाद् भवति सम्मोहः , सम्मोहात् स्मृतिविभ्रमः ।

स्मृतिभ्रंशाद् बुद्धिनाशः , बुद्धिनाशात् प्रणश्यति ॥ ६३

रागद्वेषवियुक्तैस् तु , विषयान् इन्द्रियैश्चरन् ।

आत्मवश्यैर् विधेयात्मा , प्रसादम् अधिगच्छति ॥ ६४

प्रसादे सर्वदुःखानाम् , हानिरस्योपजायते ।
प्रसन्नचेतसो ह्याशु , बुद्धिः पर्यवतिष्ठते ॥ ६५
नास्ति बुद्धिर् अयुक्तस्य , न चायुक्तस्य भावना ।
न चाभावयतश् शान्तिः , अशान्तस्य कुतस् सुखम् ॥ ६६
इन्द्रियाणां हि चरताम् , यन् मनोऽनुविधीयते ।
तदस्य हरति प्रज्ञाम् , वायुर् नावम् इवाम्भसि ॥ ६७
तस्माद् यस्य महाबाहो , निगृहीतानि सर्वशः ।
इन्द्रियाणीन्द्रियार्थेभ्यः , तस्य प्रज्ञा प्रतिष्ठिता ॥ ६८
या निशा सर्वभूतानाम् , तस्यां जागर्ति संयमी ।
यस्यां जाग्रति भूतानि , सा निशा पश्यतो मुनेः ॥ ६९
आपूर्यमाणम् अचलप्रतिष्ठम् ,
समुद्रमापः प्रविशन्ति यद्वत् ।
तद्वत् कामा यं प्रविशन्ति सर्वे ,
स शान्तिम् आप्नोति न कामकामी ॥ ७०

विहाय कामान् यस् सर्वान् , पुमांश्चरति निःस्पृहः ।

निर्ममो निरहङ्कारः , स शान्तिम् अधिगच्छति ॥ ७१

एषा ब्राह्मी स्थितिः पार्थ , नैनां प्राप्य विमुह्यति ।

स्थित्वास्याम् अन्तकालेऽपि ,

ब्रह्मनिर्वाणम् ऋच्छति ॥ ७२

ॐ तत् सत् ।

इति श्रीमद्भगवद्गीतासु उपनिषत्सु ब्रह्मविद्यायां योगशास्त्रे श्रीकृष्णार्जुनसंवादे साङ्ख्ययोगो नाम द्वितीयोऽध्यायः

॥ २ ॥

ॐ श्री परमात्मने नमः । अथ तृतीयोऽध्यायः

अर्जुन उवाच

ज्यायसी चेत् कर्मणस् ते , मता बुद्धिर् जनार्दन ।

तत्किं कर्मणि घोरे माम् , नियोजयसि केशव ॥ १

व्यामिश्रेणेव वाक्येन , बुद्धिं मोहयसीव मे ।

तदेकं वद निश्चित्य , येन श्रेयोऽहम् आप्नुयाम् ॥ २

श्री भगवान् उवाच

लोकेऽस्मिन् द्विविधा निष्ठा , पुरा प्रोक्ता मयानघ ।

ज्ञानयोगेन साङ्ख्यानाम् , कर्मयोगेन योगिनाम् ॥ ३

न कर्मणाम् अनारम्भात् , नैष्कर्म्यं पुरुषोऽश्नुते ।

न च संन्यसनादेव , सिद्धिं समधिगच्छति ॥ ४

न हि कश्चित् क्षणम् अपि , जातु तिष्ठत्यकर्मकृत् ।

कार्यते ह्यवशः कर्म , सर्वः प्रकृतिजैर् गुणैः ॥ ५

कर्मेन्द्रियाणि संयम्य , य आस्ते मनसा स्मरन् ।

इन्द्रियार्थान् विमूढात्मा , मिथ्याचारस् स उच्यते ॥ ६

यस्त्विन्द्रियाणि मनसा , नियम्यारभतेऽर्जुन ।

कर्मेन्द्रियैः कर्मयोगम् , असक्तस् स विशिष्यते ॥ ७

नियतं कुरु कर्म त्वम् , कर्म ज्यायो ह्यकर्मणः ।

शरीरयात्रापि च ते , न प्रसिद्ध्येद् अकर्मणः ॥ ८

यज्ञार्थात् कर्मणोऽन्यत्र , लोकोऽयं कर्मबन्धनः ।

तदर्थं कर्म कौन्तेय , मुक्तसङ्गस् समाचर ॥ ९

सहयज्ञाः प्रजास् सृष्ट्वा , पुरोवाच प्रजापतिः ।

अनेन प्रसविष्यध्वम् , एष वोऽस्त्विष्टकामधुक् ॥ १०

देवान् भावयतानेन , ते देवा भावयन्तु वः ।

परस्परं भावयन्तः , श्रेयः परम् अवाप्स्यथ ॥ ११

इष्टान् भोगान् हि वो देवाः , दास्यन्ते यज्ञभाविताः ।

तैर्दत्तानप्रदायैभ्यः , यो भुङ्क्ते स्तेन एव सः ॥ १२

यज्ञशिष्टाशिनस् सन्तः , मुच्यन्ते सर्वकिल्बिषैः ।

भुञ्जते ते त्वघं पापाः , ये पचन्त्यात्मकारणात् ॥ १३

अन्नाद्भवन्ति भूतानि , पर्जन्याद् अन्नसम्भवः ।

यज्ञाद्भवति पर्जन्यः , यज्ञः कर्मसमुद्भवः ॥ १४

कर्म ब्रह्मोद्भवं विद्धि , ब्रह्माक्षरसमुद्भवम् ।

तस्मात् सर्वगतं ब्रह्म , नित्यं यज्ञे प्रतिष्ठितम् ॥ १५

एवं प्रवर्तितं चक्रम् , नानुवर्तयतीह यः ।

अघायुरिन्द्रियारामः , मोघं पार्थ स जीवति ॥ १६

यस्त्वात्मरतिरेव स्यात् , आत्मतृप्तश्च मानवः ।

आत्मन्येव च सन्तुष्टः , तस्य कार्यं न विद्यते ॥ १७

नैव तस्य कृतेनार्थः , नाकृतेनेह कश्चन ।

न चास्य सर्वभूतेषु , कश्चिद् अर्थव्यपाश्रयः ॥ १८

तस्माद् असक्तस् सततं , कार्यं कर्म समाचर ।

असक्तो ह्याचरन् कर्म , परम् आप्नोति पूरुषः ॥ १९

कर्मणैव हि संसिद्धिम् , आस्थिता जनकादयः ।

लोकसङ्ग्रहमेवापि , सम्पश्यन् कर्तुमर्हसि ॥ २०

यद् यदाचरति श्रेष्ठः , तत् तदेवेतरो जनः ।
स यत् प्रमाणं कुरुते , लोकस् तद् अनुवर्तते ॥ २१

न मे पार्थास्ति कर्तव्यम् , त्रिषु लोकेषु किञ्चन ।
नानवाप्तम् अवाप्तव्यम् , वर्त एव च कर्मणि ॥ २२

यदि ह्यहं न वर्तेयम् , जातु कर्मण्यतन्द्रितः ।
मम वर्त्मानुवर्तन्ते , मनुष्याᳲ पार्थ सर्वशः ॥ २३

उत्सीदेयुरिमे लोकाः , न कुर्यां कर्म चेदहम् ।
सङ्करस्य च कर्ता स्याम् , उपहन्यामिमाᳲ प्रजाः ॥ २४

सक्ताᳲ कर्मण्यविद्वांसः , यथा कुर्वन्ति भारत ।
कुर्याद् विद्वांस्तथासक्तः , चिकीर्षुर् लोकसङ्ग्रहम् ॥ २५

न बुद्धिभेदं जनयेत् , अज्ञानां कर्मसङ्गिनाम् ।
जोषयेत् सर्वकर्माणि , विद्वान् युक्तस् समाचरन् ॥ २६

प्रकृतेᳲ क्रियमाणानि , गुणैᳲ कर्माणि सर्वशः ।
अहङ्कारविमूढात्मा , कर्ताहम् इति मन्यते ॥ २७

तत्त्ववित् तु महाबाहो , गुणकर्मविभागयोः ।

गुणा गुणेषु वर्तन्ते , इति मत्वा न सज्जते ॥ २८

प्रकृतेर् गुणसम्मूढाः , सज्जन्ते गुणकर्मसु ।

तान् अकृत्स्नविदो मन्दान् ,कृत्स्नविन् न विचालयेत् ॥२९

मयि सर्वाणि कर्माणि , सन्न्यस्याध्यात्मचेतसा ।

निराशीर् निर्ममो भूत्वा , युध्यस्व विगतज्वरः ॥ ३०

ये मे मतम् इदं नित्यम् , अनुतिष्ठन्ति मानवाः ।

श्रद्धावन्तोऽनसूयन्तः , मुच्यन्ते तेऽपि कर्मभिः ॥ ३१

ये त्वेतद् अभ्यसूयन्तः , नानुतिष्ठन्ति मे मतम् ।

सर्वज्ञानविमूढांस्तान् , विद्धि नष्टान् अचेतसः ॥ ३२

सदृशं चेष्टते स्वस्याः , प्रकृतेर् ज्ञानवानपि ।

प्रकृतिं यान्ति भूतानि , निग्रहः किं करिष्यति ॥ ३३

इन्द्रियस्येन्द्रियस्यार्थे , रागद्वेषौ व्यवस्थितौ ।

तयोर्न वशम् आगच्छेत् , तौ ह्यस्य परिपन्थिनौ ॥ ३४

श्रेयान् स्वधर्मो विगुणः , परधर्मात् स्वनुष्ठितात् ।

स्वधर्मे निधनं श्रेयः , परधर्मो भयावहः ॥ ३५

अर्जुन उवाच

अथ केन प्रयुक्तोऽयम् , पापं चरति पूरुषः ।

अनिच्छन्नपि वार्ष्णेय , बलादिव नियोजितः ॥ ३६

श्री भगवान् उवाच

काम एष क्रोध एषः , रजोगुणसमुद्भवः ।

महाशनो महापाप्मा , विद्ध्येनम् इह वैरिणम् ॥ ३७

धूमेनाव्रियते *वह्निः* , यथादर्शो मलेन च ।

यथोल्बेनावृतो गर्भः , तथा तेनेदमावृतम् ॥ ३८

आवृतं ज्ञानम् एतेन , ज्ञानिनो नित्यवैरिणा ।

कामरूपेण कौन्तेय , दुष्पूरेणानलेन च ॥ ३९

इन्द्रियाणि मनो बुद्धिः , अस्याधिष्ठानम् उच्यते ।

एतैर् विमोहयत्येषः , ज्ञानम् आवृत्य देहिनम् ॥ ४०

तस्मात् त्वम् इन्द्रियाण्यादौ , नियम्य भरतर्षभ ।

पाप्मानं प्रजहि ह्येनम् , ज्ञानविज्ञाननाशनम् ॥ ४१

इन्द्रियाणि पराण्याहुः , इन्द्रियेभ्यः परं मनः ।

मनसस्तु परा बुद्धिः , यो बुद्धेः परतस्तु सः ॥ ४२

एवं बुद्धेः परं बुद्ध्वा , संस्तभ्यात्मानम् आत्मना।

जहि शत्रुं महाबाहो , कामरूपं दुरासदम् ॥ ४३

ॐ तत् सत् ।

इति श्रीमद्भगवद्गीतासु उपनिषत्सु ब्रह्मविद्यायां योगशास्त्रे श्रीकृष्णार्जुनसंवादे कर्म-योगो नाम तृतीयोऽध्यायः

॥ ३ ॥

ॐ श्री परमात्मने नमः । अथ चतुर्थोऽध्यायः

श्री भगवान् उवाच

इमं विवस्वते योगम् , प्रोक्तवान् अहम् अव्ययम् ।

विवस्वान् मनवे प्राह , मनुर् इक्ष्वाकवेऽब्रवीत् ॥ १

एवं परम्पराप्राप्तम् , इमं राजर्षयो विदुः ।

स कालेनेह महता , योगो नष्टः परन्तप ॥ २

स एवायं मया तेऽद्य , योगः प्रोक्तः पुरातनः ।

भक्तोऽसि मे सखा चेति , रहस्यं ह्येतद् उत्तमम् ॥ ३

अर्जुन उवाच

अपरं भवतो जन्म , परं जन्म विवस्वतः ।

कथम् एतद् विजानीयाम् , त्वम् आदौ प्रोक्तवान् इति ॥ ४

श्री भगवान् उवाच

बहूनि मे व्यतीतानि , जन्मानि तव चार्जुन ।

तान्यहं वेद सर्वाणि , न त्वं वेत्थ परन्तप ॥ ५

अजोऽपि सन्नव्ययात्मा , भूतानाम् ईश्वरोऽपि सन् ।
प्रकृतिं स्वाम् अधिष्ठाय , सम्भवाम्यात्ममायया ॥ ६

यदा यदा हि धर्मस्य , ग्लानिर् भवति भारत ।
अभ्युत्थानम् अधर्मस्य , तदात्मानं सृजाम्यहम् ॥ ७

परित्राणाय साधूनाम् , विनाशाय च दुष्कृताम् ।
धर्मसंस्थापनार्थाय , सम्भवामि युगे युगे ॥ ८

जन्म कर्म च मे दिव्यम् , एवं यो वेत्ति तत्त्वतः ।
त्यक्त्वा देहं पुनर्जन्म , नैति मामेति सोऽर्जुन ॥ ९

वीतरागभयक्रोधाः , मन्मया माम् उपाश्रिताः ।
बहवो ज्ञानतपसा , पूता मद्भावम् आगताः ॥ १०

ये यथा मां प्रपद्यन्ते , तांस्तथैव भजाम्यहम् ।
मम वर्त्मानुवर्तन्ते , मनुष्याः पार्थ सर्वशः ॥ ११

काङ्क्षन्तः कर्मणां सिद्धिम् , यजन्त इह देवताः ।
क्षिप्रं हि मानुषे लोके , सिद्धिर् भवति कर्मजा ॥ १२

चातुर्वर्ण्यं मया सृष्टम् , गुणकर्मविभागशः ।

तस्य कर्तारम् अपि माम् ,विद्ध्यकर्तारम् अव्ययम्॥ १३

न मां कर्माणि लिम्पन्ति , न मे कर्मफले स्पृहा ।

इति मां योऽभिजानाति , कर्मभिर् न स बध्यते ॥ १४

एवं ज्ञात्वा कृतं कर्म , पूर्वैरपि मुमुक्षुभिः ।

कुरु कर्मैव तस्मात् त्वम् , पूर्वैः पूर्वतरं कृतम् ॥ १५

किं कर्म किम् अकर्मेति , कवयोऽप्यत्र मोहिताः ।

तत्ते कर्म प्रवक्ष्यामि , यज् ज्ञात्वा मोक्ष्यसेऽशुभात् ॥ १६

कर्मणो ह्यपि बोद्धव्यम् , बोद्धव्यं च विकर्मणः ।

अकर्मणश्च बोद्धव्यम् , गहना कर्मणो गतिः ॥ १७

कर्मण्यकर्म यः पश्येत् , अकर्मणि च कर्म यः ।

स बुद्धिमान् मनुष्येषु , स युक्तः कृत्स्नकर्मकृत् ॥ १८

यस्य सर्वे समारम्भाः , कामसङ्कल्पवर्जिताः ।

ज्ञानाग्निदग्धकर्माणम् , तमाहुः पण्डितं बुधाः ॥ १९

त्यक्त्वा कर्मफलासङ्गम् , नित्यतृप्तो निराश्रयः ।

कर्मण्यभिप्रवृत्तोऽपि , नैव किञ्चित् करोति सः ॥ २०

निराशीर् यतचित्तात्मा , त्यक्तसर्वपरिग्रहः ।

शारीरं केवलं कर्म , कुर्वन् नाप्नोति किल्बिषम् ॥ २१

यदृच्छालाभसन्तुष्टः , द्वन्द्वातीतो विमत्सरः ।

समस् सिद्धावसिद्धौ च , कृत्वापि न निबध्यते ॥ २२

गतसङ्गस्य मुक्तस्य , ज्ञानावस्थितचेतसः ।

यज्ञायाचरतꣳ कर्म , समग्रं प्रविलीयते ॥ २३

ब्रह्मार्पणं ब्रह्म हविः , ब्रह्माग्नौ ब्रह्मणा हुतम् ।

ब्रह्मैव तेन गन्तव्यम् , ब्रह्मकर्मसमाधिना ॥ २४

दैवम् एवापरे यज्ञम् , योगिनꣳ पर्युपासते ।

ब्रह्माग्नावपरे यज्ञम् , यज्ञेनैवोपजुह्वति ॥ २५

श्रोत्रादीनि इन्द्रियाण्यन्ये , संयमाग्निषु जुह्वति ।

शब्दादीन् विषयान् अन्ये , इन्द्रियाग्निषु जुह्वति ॥ २६

सर्वाणि इन्द्रियकर्माणि , प्राणकर्माणि चापरे ।

आत्मसंयमयोगाग्नौ , जुह्वति ज्ञानदीपिते ॥ २७

द्रव्ययज्ञास् तपोयज्ञाः , योगयज्ञास् तथापरे ।

स्वाध्यायज्ञानयज्ञाश्च , यतयस् संशितव्रताः ॥ २८

अपाने जुह्वति प्राणम् , प्राणेऽपानं तथापरे ।

प्राणापानगती रुद्ध्वा , प्राणायामपरायणाः ॥ २९

अपरे नियताहाराः , प्राणान् प्राणेषु जुह्वति ।

सर्वेऽप्येते यज्ञविदः , यज्ञक्षपितकल्मषाः ॥ ३०

यज्ञशिष्टामृतभुजः , यान्ति ब्रह्म सनातनम् ।

नायं लोकोऽस्त्ययज्ञस्य , कुतोऽन्यꣳ कुरुसत्तम ॥ ३१

एवं बहुविधा यज्ञाः , वितता ब्रह्मणो मुखे ।

कर्मजान् विद्धि तान् सर्वान् , एवं ज्ञात्वा विमोक्ष्यसे ॥ ३२

श्रेयान् द्रव्यमयाद् यज्ञात् , ज्ञानयज्ञꣳ परन्तप ।

सर्वं कर्माखिलं पार्थ , ज्ञाने परिसमाप्यते ॥ ३३

तद् विद्धि प्रणिपातेन , परिप्रश्नेन सेवया ।
उपदेक्ष्यन्ति ते ज्ञानम् , ज्ञानिनस् तत्त्वदर्शिनः ॥ ३४

यज् ज्ञात्वा न पुनर्मोहम् , एवं यास्यसि पाण्डव ।
येन भूतान्यशेषेण , द्रक्ष्यस्यात्मन्यथो मयि ॥ ३५

अपि चेदसि पापेभ्यः , सर्वेभ्यः पापकृत्तमः ।
सर्वं ज्ञानप्लवेनैव , वृजिनं सन्तरिष्यसि ॥ ३६

यथैधांसि समिद्धोऽग्निः , भस्मसात् कुरुतेऽर्जुन ।
ज्ञानाग्निस् सर्वकर्माणि , भस्मसात् कुरुते तथा ॥ ३७

न हि ज्ञानेन सदृशम् , पवित्रम् इह विद्यते ।
तत् स्वयं योगसंसिद्धः , कालेनात्मनि विन्दति ॥ ३८

श्रद्धावाँल् लभते ज्ञानम् , तत्परस् संयतेन्द्रियः ।
ज्ञानं लब्ध्वा परां शान्तिम् , अचिरेणाधिगच्छति ॥ ३९

अज्ञश् चाश्रद्दधानश्च , संशयात्मा विनश्यति ।
नायं लोकोऽस्ति न परः , न सुखं संशयात्मनः ॥ ४०

योगसन्न्यस्तकर्माणम् , ज्ञानसञ्छिन्‌नसंशयम् ।

आत्मवन्तं न कर्माणि , निबध्नन्ति धनञ्जय ॥ ४१

तस्माद् अज्ञानसम्भूतम् , हृत्स्थं ज्ञानासिनात्मनः ।

छित्त्वैनं संशयं योगम् , आतिष्ठोत्तिष्ठ भारत ॥ ४२

ॐ तत् सत् ।

इति श्रीमद्भगवद्गीतासु उपनिषत्सु ब्रह्मविद्यायां योगशास्त्रे

श्रीकृष्णार्जुनसंवादे ज्ञान-कर्म-सन्न्यास-योगो नाम

चतुर्थोऽध्यायः

॥ ४ ॥

ॐ श्री परमात्मने नमः । अथ पञ्चमोऽध्यायः

अर्जुन उवाच

सन्न्यासं कर्मणां कृष्ण , पुनर् योगं च शंससि ।

यच्छ्रेय एतयोरेकम् , तन्मे ब्रूहि सुनिश्चितम् ॥ १

श्री भगवान् उवाच

सन्न्यासः कर्मयोगश्च , निःश्रेयसकरावुभौ ।

तयोस्तु कर्मसन्न्यासात् , कर्मयोगो विशिष्यते ॥ २

ज्ञेयस् स नित्यसन्न्यासी , यो न द्वेष्टि न काङ्क्षति ।

निर् द्वन्द्वो हि महाबाहो , सुखं बन्धात् प्रमुच्यते ॥ ३

साङ्ख्ययोगौ पृथग्बालाः , प्रवदन्ति न पण्डिताः ।

एकम् अप्यास्थितस् सम्यक् , उभयोर्विन्दते फलम् ॥ ४

यत् साङ्ख्यैः प्राप्यते स्थानम् , तद् योगैरपि गम्यते ।

एकं साङ्ख्यं च योगं च , यः पश्यति स पश्यति ॥ ५

सन्न्यासस्तु महाबाहो , दुःखम आप्तुम् अयोगतः ।

योगयुक्तो मुनिर् ब्रह्म , नचिरेणाधिगच्छति ॥ ६

योगयुक्तो विशुद्धात्मा , विजितात्मा जितेन्द्रियः ।
सर्वभूतात्मभूतात्मा , कुर्वन्नपि न लिप्यते ॥ ७

नैव किञ्चित् करोमीति , युक्तो मन्येत तत्त्ववित् ।
पश्यञ्‌ श्रृण्वन् स्पृशञ्‌ जिघ्रन् ,
अश्नन् गच्छन् स्वपञ्‌ श्वसन् ॥ ८

प्रलपन् विसृजन् *गृह्णन्* , उन्मिषन् निमिषन्नपि ।
इन्द्रियाणीन्द्रियार्थेषु , वर्तन्त इति धारयन् ॥ ९

ब्रह्मण्याधाय कर्माणि , सङ्गं त्यक्त्वा करोति यः ।
लिप्यते न स पापेन , पद्मपत्रम् इवाम्भसा ॥ १०

कायेन मनसा बुद्ध्या , केवलैर् इन्द्रियैरपि ।
योगिनः कर्म कुर्वन्ति , सङ्गं त्यक्त्वात्मशुद्धये ॥ ११

युक्तः कर्मफलं त्यक्त्वा , शान्तिम् आप्नोति नैष्ठिकीम् ।
अयुक्तः कामकारेण , फले सक्तो निबध्यते ॥ १२

सर्वकर्माणि मनसा , सन्न्यस्यास्ते सुखं वशी ।
नवद्वारे पुरे देही , नैव कुर्वन् न कारयन् ॥ १३

न कर्तृत्वं न कर्माणि , लोकस्य सृजति प्रभुः ।

न कर्मफलसंयोगम् , स्वभावस्तु प्रवर्तते ॥ १४

नादत्ते कस्यचित् पापम् , न चैव सुकृतं विभुः ।

अज्ञानेनावृतं ज्ञानम् , तेन मुह्यन्ति जन्तवः ॥ १५

ज्ञानेन तु तद् अज्ञानम् , येषां नाशितमात्मनः ।

तेषाम् आदित्यवज्ज्ञानम् , प्रकाशयति तत् परम् ॥ १६

तद्बुद्धयस् तदात्मानः , तन्निष्ठास् तत्परायणाः ।

गच्छन्त्यपुनरावृत्तिम् , ज्ञाननिर्धूतकल्मषाः ॥ १७

विद्याविनयसम्पन्ने , ब्राह्मणे गवि हस्तिनि ।

शुनि चैव श्वपाके च , पण्डितास् समदर्शिनः ॥ १८

इहैव तैर्जितस् सर्गः , येषां साम्ये स्थितं मनः ।

निर्दोषं हि समं ब्रह्म , तस्माद् ब्रह्मणि ते स्थिताः ॥ १९

न प्रहृष्येत्प्रियं प्राप्य , नोद्विजेत् प्राप्य चाप्रियम् ।

स्थिरबुद्धिर् असम्मूढः , ब्रह्मविद् ब्रह्मणि स्थितः ॥ २०

बाह्यस्पर्शेष्वसक्तात्मा , विन्दत्यात्मनि यत् सुखम् ।
स ब्रह्मयोगयुक्तात्मा , सुखम् अक्षयम् अश्नुते ॥ २१
ये हि संस्पर्शजा भोगाः , दुःखयोनय एव ते ।
आद्यन्तवन्तः कौन्तेय , न तेषु रमते बुधः ॥ २२
शक्नोतीहैव यस् सोढुम् , प्राक् शरीरविमोक्षणात् ।
कामक्रोधोद्भवं वेगम् , स युक्तस् स सुखी नरः ॥ २३
योऽन्तस् सुखोऽन्तराराामः , तथान्तर् ज्योतिरेव यः ।
स योगी ब्रह्मनिर्वाणम् , ब्रह्मभूतोऽधिगच्छति ॥ २४
लभन्ते ब्रह्मनिर्वाणम् , ऋषयः क्षीणकल्मषाः ।
छिन्नद्वैधा यतात्मानः , सर्वभूतहिते रताः ॥ २५
कामक्रोधवियुक्तानाम् , यतीनां यतचेतसाम् ।
अभितो ब्रह्मनिर्वाणम् , वर्तते विदितात्मनाम् ॥ २६
स्पर्शान् कृत्वा बहिर् बाह्यान् , चक्षुश् चैवान्तरे भ्रुवोः ।
प्राणापानौ समौ कृत्वा , नासाभ्यन्तरचारिणौ ॥ २७

यतेन्द्रियमनोबुद्धिः , मुनिर् मोक्षपरायणः ।

विगतेच्छाभयक्रोधः , यस् सदा मुक्त एव सः ॥ २८

भोक्तारं यज्ञतपसाम् , सर्वलोकमहेश्वरम् ।

सुहृदं सर्वभूतानाम् , ज्ञात्वा मां शान्तिम् ऋच्छति ॥ २९

ॐ तत् सत् ।

इति श्रीमद्भगवद्गीतासु उपनिषत्सु ब्रह्मविद्यायां योगशास्त्रे

श्रीकृष्णार्जुनसंवादे कर्म-सन्न्यास-योगो नाम

पञ्चमोऽध्यायः

॥ ५ ॥

ॐ श्री परमात्मने नमः । अथ षष्ठोऽध्यायः

श्री भगवान् उवाच

अनाश्रितः कर्मफलम् , कार्यं कर्म करोति यः ।

स सन्न्यासी च योगी च , न निर्-अग्निर् न चाक्रियः ॥ १

यं सन्न्यासम् इति प्राहुः , योगं तं विद्धि पाण्डव ।

न ह्यसन्न्यस्तसङ्कल्पः , योगी भवति कश्चन ॥ २

आरुरुक्षोर् मुनेर् योगम् , कर्म कारणम् उच्यते ।

योगारूढस्य तस्यैव , शमः कारणम् उच्यते ॥ ३

यदा हि नेन्द्रियार्थेषु , न कर्मस्वनुषज्जते ।

सर्वसङ्कल्पसन्न्यासी , योगारूढस् तदोच्यते ॥ ४

उद्धरेदात्मनात्मानम् , नात्मानम् अवसादयेत् ।

आत्मैव ह्यात्मनो बन्धुः , आत्मैव रिपुरात्मनः ॥ ५

बन्धुरात्मात्मनस् तस्य , येनात्मैवात्मना जितः ।

अनात्मनस् तु शत्रुत्वे , वर्तेतात्मैव शत्रुवत् ॥ ६

जितात्मनः प्रशान्तस्य , परमात्मा समाहितः ।
शीतोष्णसुखदुःखेषु , तथा मानापमानयोः ॥ ७

ज्ञानविज्ञानतृप्तात्मा , कूटस्थो विजितेन्द्रियः ।
युक्त इत्युच्यते योगी , समलोष्टाश्मकाञ्चनः ॥ ८

सुहृन्मित्रार्युदासीन-मध्यस्थद्वेष्यबन्धुषु ।
साधुष्वपि च पापेषु , समबुद्धिर् विशिष्यते ॥ ९

योगी युञ्जीत सततम् , आत्मानं रहसि स्थितः ।
एकाकी यतचित्तात्मा , निराशीरपरिग्रहः ॥ १०

शुचौ देशे प्रतिष्ठाप्य , स्थिरम् आसनमात्मनः ।
नात्युच्छ्रितं नातिनीचम् , चैलाजिनकुशोत्तरम् ॥ ११

तत्रैकाग्रं मनः कृत्वा , यतचित्तेन्द्रियक्रियः ।
उपविश्यासने युञ्ज्यात् , योगम् आत्मविशुद्धये ॥ १२

समं कायशिरोग्रीवम् , धारयन्नचलं स्थिरः ।
सम्प्रेक्ष्य नासिकाग्रं स्वम् , दिशश् चानवलोकयन् ॥ १३

प्रशान्तात्मा विगतभीः , ब्रह्मचारिव्रते स्थितः ।

मनस् संयम्य मच्चित्तः , युक्त आसीत मत्परः ॥ १४

युञ्जन्नेवं सदात्मानम् , योगी नियतमानसः ।

शान्तिं निर्वाणपरमाम् , मत्संस्थाम् अधिगच्छति ॥ १५

नात्यश्नतस् तु योगोऽस्ति , न चैकान्तम् अनश्नतः ।

न चाति स्वप्नशीलस्य , जाग्रतो नैव चार्जुन ॥ १६

युक्ताहारविहारस्य , युक्तचेष्टस्य कर्मसु ।

युक्तस्वप्नावबोधस्य , योगो भवति दुःखहा ॥ १७

यदा विनियतं चित्तम् , आत्मन्येवावतिष्ठते ।

निःस्पृहस् सर्वकामेभ्यः , युक्त इत्युच्यते तदा ॥ १८

यथा दीपो निवातस्थः , नेङ्गते सोपमा स्मृता ।

योगिनो यतचित्तस्य , युञ्जतो योगमात्मनः ॥ १९

यत्रोपरमते चित्तम् , निरुद्धं योगसेवया ।

यत्र चैवात्मनात्मानम् , पश्यन्नात्मनि तुष्यति ॥ २०

सुखमात्यन्तिकं यत् तत् , बुद्धिग्राह्यम् अतीन्द्रियम् ।

वेत्ति यत्र न चैवायम् , स्थितश् चलति तत्त्वतः ॥ २१

यं लब्ध्वा चापरं लाभम् , मन्यते नाधिकं ततः ।

यस्मिन् स्थितो न दुःखेन , गुरुणापि विचाल्यते ॥ २२

तं विद्याद् दुःखसंयोग-वियोगं योगसञ्ज्ञितम् ।

स निश्चयेन योक्तव्यः , योगोऽनिर्विण्णचेतसा ॥ २३

सङ्कल्पप्रभवान् कामान् , त्यक्त्वा सर्वान् अशेषतः ।

मनसैवेन्द्रियग्रामम् , विनियम्य समन्ततः ॥ २४

शनैश् शनैरुपरमेत् , बुद्ध्या धृतिगृहीतया ।

आत्मसंस्थं मनꣳ कृत्वा , न किञ्चिद् अपि चिन्तयेत् ॥ २५

यतो यतो निश्चरति , मनश् चञ्चलम् अस्थिरम् ।

ततस् ततो नियम्यैतत् , आत्मन्येव वशं नयेत् ॥ २६

प्रशान्तमनसं ह्येनम् , योगिनं सुखम् उत्तमम् ।

उपैति शान्तरजसम् , ब्रह्मभूतम् अकल्मषम् ॥ २७

युञ्जन्नेवं सदात्मानम् , योगी विगतकल्मषः ।

सुखेन ब्रह्मसंस्पर्शम् , अत्यन्तं सुखम् अश्नुते ॥ २८

सर्वभूतस्थमात्मानम् , सर्वभूतानि चात्मनि ।

ईक्षते योगयुक्तात्मा , सर्वत्र समदर्शनः ॥ २९

यो मां पश्यति सर्वत्र , सर्वं च मयि पश्यति ।

तस्याहं न प्रणश्यामि , स च मे न प्रणश्यति ॥ ३०

सर्वभूतस्थितं यो माम् , भजत्येकत्वमास्थितः ।

सर्वथा वर्तमानोऽपि , स योगी मयि वर्तते ॥ ३१

आत्मौपम्येन सर्वत्र , समं पश्यति योऽर्जुन ।

सुखं वा यदि वा दुःखम् , स योगी परमो मतः ॥ ३२

अर्जुन उवाच

योऽयं योगस्त्वया प्रोक्तः , साम्येन मधुसूदन ।

एतस्याहं न पश्यामि , चञ्चलत्वात् स्थितिं स्थिराम् ॥ ३३

चञ्चलं हि मनः कृष्ण , प्रमाथि बलवद् दृढम् ।

तस्याहं निग्रहं मन्ये , वायोरिव सुदुष्करम् ॥ ३४

श्री भगवान् उवाच

असंशयं महाबाहो , मनो दुर्निग्रहं चलम् ।

अभ्यासेन तु कौन्तेय , वैराग्येण च गृह्यते ॥ ३५

असंयतात्मना योगः , दुष्प्राप इति मे मतिः ।

वश्यात्मना तु यतता , शक्योऽवाप्तुम् उपायतः ॥ ३६

अर्जुन उवाच

अयतिश् श्रद्धयोपेतः , योगाच् चलितमानसः ।

अप्राप्य योगसंसिद्धिम् , कां गतिं कृष्ण गच्छति ॥ ३७

कच्चिन् नोभयविभ्रष्टः , छिन्नाभ्रमिव नश्यति ।

अप्रतिष्ठो महाबाहो , विमूढो ब्रह्मणः पथि ॥ ३८

एतन्मे संशयं कृष्ण , छेत्तुम् अर्हस्यशेषतः ।

त्वदन्यस् संशयस्यास्य , छेत्ता न ह्युपपद्यते ॥ ३९

श्री भगवान् उवाच

पार्थ नैवेह नामुत्र , विनाशस् तस्य विद्यते ।

न हि कल्याणकृत् कश्चित् , दुर्गतिं तात गच्छति ॥ ४०

प्राप्य पुण्यकृतां लोकान् , उषित्वा शाश्वतीस् समाः ।

शुचीनां श्रीमतां गेहे , योगभ्रष्टोऽभिजायते ॥ ४१

अथवा योगिनाम् एव , कुले भवति धीमताम् ।

एतद्धि दुर्लभतरम् , लोके जन्म यदीदृशम् ॥ ४२

तत्र तं बुद्धिसंयोगम् , लभते पौर्वदेहिकम् ।

यतते च ततो भूयः , संसिद्धौ कुरुनन्दन ॥ ४३

पूर्वाभ्यासेन तेनैव , ह्रियते ह्यवशोऽपि सः ।

जिज्ञासुरपि योगस्य , शब्दब्रह्मातिवर्तते ॥ ४४

प्रयत्नाद् यतमानस् तु , योगी संशुद्धकिल्बिषः ।

अनेकजन्मसंसिद्धः , ततो याति परां गतिम् ॥ ४५

तपस्विभ्योऽधिको योगी , ज्ञानिभ्योऽपि मतोऽधिकः ।

कर्मिभ्यश् चाधिको योगी , तस्माद् योगी भवार्जुन ॥ ४६

योगिनाम् अपि सर्वेषाम् , मद्गतेनान्तरात्मना ।

श्रद्धावान् भजते यो माम् , स मे युक्ततमो मतः ॥ ४७

ॐ तत् सत् ।

इति श्रीमद्भगवद्गीतासु उपनिषत्सु ब्रह्मविद्यायां योगशास्त्रे श्रीकृष्णार्जुनसंवादे आत्मसंयम-योगो नाम षष्ठोऽध्यायः

॥ ६ ॥

ॐ श्री परमात्मने नमः । अथ सप्तमोऽध्यायः

श्री भगवान् उवाच

मय्यासक्तमनाः पार्थ , योगं युञ्जन् मदाश्रयः ।

असंशयं समग्रं माम् , यथा ज्ञास्यसि तच् छृणु ॥ १

ज्ञानं तेऽहं सविज्ञानम् , इदं वक्ष्याम्यशेषतः ।

यज् ज्ञात्वा नेह भूयोऽन्यत् , ज्ञातव्यम् अवशिष्यते ॥ २

मनुष्याणां सहस्रेषु , कश्चिद् यतति सिद्धये ।

यतताम् अपि सिद्धानाम् ,कश्चिन् मां वेत्ति तत्त्वतः ॥ ३

भूमिरापोऽनलो वायुः , खं मनो बुद्धिरेव च ।

अहङ्कार इतीयं मे , भिन्ना प्रकृतिर् अष्टधा ॥ ४

अपरेयमितस्त्वन्याम् , प्रकृतिं विद्धि मे पराम् ।

जीवभूतां महाबाहो , ययेदं धार्यते जगत् ॥ ५

एतद् योनीनि भूतानि , सर्वाणीत्युपधारय ।

अहं कृत्स्नस्य जगतः , प्रभवः प्रलयस् तथा ॥ ६

मत्तᳶ परतरं नान्यत् , किञ्चिद् अस्ति धनञ्जय ।

मयि सर्वम् इदं प्रोतम् , सूत्रे मणिगणा इव ॥ ७

रसोऽहमप्सु कौन्तेय , प्रभास्मि शशिसूर्ययोः ।

प्रणवस् सर्ववेदेषु , शब्दᳵ खे पौरुषं नृषु ॥ ८

पुण्यो गन्धᳶ पृथिव्यां च , तेजश् चास्मि विभावसौ ।

जीवनं सर्वभूतेषु , तपश् चास्मि तपस्विषु ॥ ९

बीजं मां सर्वभूतानाम् , विद्धि पार्थ सनातनम् ।

बुद्धिर् बुद्धिमताम् अस्मि ,तेजस् तेजस्विनाम् अहम् ॥ १०

बलं बलवतां चाहम् , कामरागविवर्जितम् ।

धर्माविरुद्धो भूतेषु , कामोऽस्मि भरतर्षभ ॥ ११

ये चैव सात्त्विका भावाः , राजसास् तामसाश् च ये ।

मत्त एवेति तान् विद्धि , न त्वहं तेषु ते मयि ॥ १२

त्रिभिर् गुणमयैर् भावैः , एभिस् सर्वम् इदं जगत् ।

मोहितं नाभिजानाति , मामेभ्यᳶ परम् अव्ययम् ॥ १३

दैवी ह्येषा गुणमयी , मम माया दुरत्यया ।

मामेव ये प्रपद्यन्ते , मायामेतां तरन्ति ते ॥ १४

न मां दुष्कृतिनो मूढाः , प्रपद्यन्ते नराधमाः ।

माययापहृतज्ञानाः , आसुरं भावमाश्रिताः ॥ १५

चतुर्विधा भजन्ते माम् , जनास् सुकृतिनोऽर्जुन ।

आर्तो जिज्ञासुर् अर्थार्थी , ज्ञानी च भरतर्षभ ॥ १६

तेषां ज्ञानी नित्ययुक्तः , एकभक्तिर् विशिष्यते ।

प्रियो हि ज्ञानिनोऽत्यर्थम् , अहं स च मम प्रियः ॥ १७

उदारास् सर्व एवैते , ज्ञानी त्वात्मैव मे मतम् ।

आस्थितस् स हि युक्तात्मा , मामेवानुत्तमां गतिम् ॥ १८

बहूनां जन्मनाम् अन्ते , ज्ञानवान् मां प्रपद्यते ।

वासुदेवस् सर्वम् इति , स महात्मा सुदुर्लभः ॥ १९

कामैस् तैस् तैर् हृतज्ञानाः , प्रपद्यन्तेऽन्यदेवताः ।

तं तं नियममास्थाय , प्रकृत्या नियतास् स्वया ॥ २०

यो यो यां यां तनुं भक्तः , श्रद्धयार्चितुम् इच्छति ।

तस्य तस्याचलां श्रद्धाम् , ताम् एव विदधाम्यहम् ॥ २१

स तया श्रद्धया युक्तः , तस्याराधनमीहते ।

लभते च ततः कामान् , मयैव विहितान् हि तान् ॥ २२

अन्तवत् तु फलं तेषाम् , तद्भवत्यल्पमेधसाम् ।

देवान् देवयजो यान्ति , मद्भक्ता यान्ति माम् अपि ॥ २३

अव्यक्तं व्यक्तिमापन्नम् , मन्यन्ते माम् अबुद्धयः ।

परं भावम् अजानन्तः , ममाव्ययम् अनुत्तमम् ॥ २४

नाहं प्रकाशस् सर्वस्य , योगमायासमावृतः ।

मूढोऽयं नाभिजानाति ,लोको माम् अजम् अव्ययम् ॥ २५

वेदाहं समतीतानि , वर्तमानानि चार्जुन ।

भविष्याणि च भूतानि , मां तु वेद न कश्चन ॥ २६

इच्छाद्वेषसमुत्थेन , द्वन्द्वमोहेन भारत ।

सर्वभूतानि सम्मोहम् , सर्गे यान्ति परन्तप ॥ २७

येषां त्वन्तगतं पापम् , जनानां पुण्यकर्मणाम् ।
ते द्वन्द्वमोहनिर्मुक्ताः , भजन्ते मां दृढव्रताः ॥ २८

जरामरणमोक्षाय , माम् आश्रित्य यतन्ति ये ।
ते ब्रह्म तद् विदुः कृत्स्नम् ,अध्यात्मं कर्म चाखिलम् ॥२९

साधिभूताधिदैवं माम् , साधियज्ञं च ये विदुः ।
प्रयाणकालेऽपि च माम् , ते विदुर् युक्तचेतसः ॥ ३०

ॐ तत् सत् ।

इति श्रीमद्भगवद्गीतासु उपनिषत्सु ब्रह्मविद्यायां योगशास्त्रे श्रीकृष्णार्जुनसंवादे ज्ञान-विज्ञान-योगो नाम सप्तमोऽध्यायः

॥ ७ ॥

ॐ श्री परमात्मने नमः । अथ अष्टमोऽध्यायः

अर्जुन उवाच

किं तद् ब्रह्म किम् अध्यात्मम् , किं कर्म पुरुषोत्तम ।

अधिभूतं च किं प्रोक्तम् , अधिदैवं किम् उच्यते ॥ १

अधियज्ञ× कथं कोऽत्र , देहेऽस्मिन् मधुसूदन ।

प्रयाणकाले च कथम् , ज्ञेयोऽसि नियतात्मभिः ॥ २

श्री भगवान् उवाच

अक्षरं ब्रह्म परमम् , स्वभावोऽध्यात्मम् उच्यते ।

भूतभावोद्भवकरः , विसर्ग× कर्मसञ्ज्ञितः ॥ ३

अधिभूतं क्षरो भावः , पुरुषश् चाधिदैवतम् ।

अधियज्ञोऽहमेवात्र , देहे देहभृतां वर ॥ ४

अन्तकाले च माम् एव , स्मरन् मुक्त्वा कलेवरम् ।

य× प्रयाति स मद्भावम् , याति नास्त्यत्र संशयः ॥ ५

यं यं वापि स्मरन् भावम् , त्यजत्यन्ते कलेवरम् ।

तं तमेवैति कौन्तेय , सदा तद्भावभावितः ॥ ६

तस्मात् सर्वेषु कालेषु , माम् अनुस्मर युध्य च ।

मय्यर् पितमनोबुद्धिः , मामेवैष्यस्यसंशयम् ॥ ७

अभ्यासयोगयुक्तेन , चेतसा नान्यगामिना ।

परमं पुरषं दिव्यम् , याति पार्थानुचिन्तयन् ॥ ८

कविं पुराणम् अनुशासितारम् ,

अणोरणीयांसम् अनुस्मरेद् यः ।

सर्वस्य धातारम् अचिन्त्यरूपम् ,

आदित्यवर्णं तमसः परस्तात् ॥ ९

प्रयाणकाले मनसाचलेन ,

भक्त्या युक्तो योगबलेन चैव ।

भ्रुवोर् मध्ये प्राणम् आवेश्य सम्यक् ,

स तं परं पुरुषम् उपैति दिव्यम् ॥ १०

यद् अक्षरं वेदविदो वदन्ति ,

विशन्ति यद् यतयो वीतरागाः ।

यदिच्छन्तो ब्रह्मचर्यं चरन्ति,तत्ते पदं सङ्ग्रहेण प्रवक्ष्ये ॥ ११

सर्वद्वाराणि संयम्य , मनो हृदि निरुध्य च ।

मूर्ध्न्याधायात्मनᳶ प्राणम् ,

आस्थितो योगधारणाम् ॥ १२

ॐ इत्येकाक्षरं ब्रह्म , व्याहरन् माम् अनुस्मरन् ।

यᳶ प्रयाति त्यजन् देहम् , स याति परमां गतिम् ॥ १३

अनन्यचेतास् सततम् , यो मां स्मरति नित्यशः ।

तस्याहं सुलभᳶ पार्थ , नित्ययुक्तस्य योगिनः ॥ १४

माम् उपेत्य पुनर्जन्म , दुःखालयम् अशाश्वतम् ।

नाप्नुवन्ति महात्मानः , संसिद्धिं परमां गताः ॥ १५

आब्रह्मभुवनाल्लोकाः , पुनरावर्तिनोऽर्जुन ।

माम् उपेत्य तु कौन्तेय , पुनर्जन्म न विद्यते ॥ १६

सहस्त्रयुगपर्यन्तम् , अहर्यद्ब्रह्मणो विदुः ।

रात्रिं युगसहस्रान्ताम् , तेऽहोरात्रविदो जनाः ॥ १७

अव्यक्ताद् व्यक्तयस् सर्वाः , प्रभवन्त्यहरागमे ।

रात्र्यागमे प्रलीयन्ते , तत्रैवाव्यक्तसञ्ज्ञके ॥ १८

भूतग्रामस् स एवायम् , भूत्वा भूत्वा प्रलीयते ।
रात्र्यागमेऽवशᳶ पार्थ , प्रभवत्यहरागमे ॥ १९

परस् तस्मात् तु भावोऽन्यः ,अव्यक्तोऽव्यक्तात् सनातनः।
यस् स सर्वेषु भूतेषु , नश्यत्सु न विनश्यति ॥ २०

अव्यक्तोऽक्षर इत्युक्तः , तमाहुᳶ परमां गतिम् ।
यं प्राप्य न निवर्तन्ते , तद्धाम परमं मम ॥ २१

पुरुषस् स परᳶ पार्थ , भक्त्या लभ्यस् त्वनन्यया ।
यस्यान्तःस्थानि भूतानि , येन सर्वम् इदं ततम् ॥ २२

यत्र काले त्वनावृत्तिम् , आवृत्तिं चैव योगिनः ।
प्रयाता यान्ति तं कालम् , वक्ष्यामि भरतर्षभ ॥ २३

अग्निर् ज्योतिरहः शुक्लः , षण्मासा उत्तरायणम् ।
तत्र प्रयाता गच्छन्ति , ब्रह्म ब्रह्मविदो जनाः ॥ २४

धूमो रात्रिस् तथा कृष्णः , षण्मासा दक्षिणायनम् ।
तत्र चान्द्रमसं ज्योतिः , योगी प्राप्य निवर्तते ॥ २५

शुक्लकृष्णे गती ह्येते , जगतश् शाश्वते मते ।

एकया यात्यनावृत्तिम् , अन्ययावर्तते पुनः ॥ २६

नैते सृती पार्थ जानन् , योगी मुह्यति कश्चन ।

तस्मात् सर्वेषु कालेषु , योगयुक्तो भवार्जुन ॥ २७

वेदेषु यज्ञेषु तपःसु चैव , दानेषु यत् पुण्यफलं प्रदिष्टम् ।

अत्येति तत् सर्वम् इदं विदित्वा ,

योगी परं स्थानम् उपैति चाद्यम् ॥ २८

ॐ तत् सत् ।

इति श्रीमद्भगवद्गीतासु उपनिषत्सु ब्रह्मविद्यायां योगशास्त्रे

श्रीकृष्णार्जुनसंवादे अक्षर-ब्रह्म-योगो नाम अष्टमोऽध्यायः

॥ ८ ॥

ॐ श्री परमात्मने नमः । अथ नवमोऽध्यायः

श्री भगवान् उवाच

इदं तु ते गुह्यतमम् , प्रवक्ष्याम्यनसूयवे ।

ज्ञानं विज्ञानसहितम् , यज् ज्ञात्वा मोक्ष्यसेऽशुभात् ॥ १

राजविद्या राजगुह्यम् , पवित्रम् इदम् उत्तमम् ।

प्रत्यक्षावगमं धर्म्यम् , सुसुखं कर्तुम् अव्ययम् ॥ २

अश्रद्दधानाः पुरुषाः , धर्मस्यास्य परन्तप ।

अप्राप्य मां निवर्तन्ते , मृत्युसंसारवर्त्मनि ॥ ३

मया ततम् इदं सर्वम् , जगद् अव्यक्तमूर्तिना ।

मत्स्थानि सर्वभूतानि , न चाहं तेष्ववस्थितः ॥ ४

न च मत्स्थानि भूतानि , पश्य मे योगमैश्वरम् ।

भूतभृन्न च भूतस्थः , ममात्मा भूतभावनः ॥ ५

यथाकाशस्थितो नित्यम् , वायुस् सर्वत्रगो महान् ।

तथा सर्वाणि भूतानि , मत्स्थानीत्युपधारय ॥ ६

सर्वभूतानि कौन्तेय , प्रकृतिं यान्ति मामिकाम् ।

कल्पक्षये पुनस् तानि , कल्पादौ विसृजाम्यहम् ॥ ७

प्रकृतिं स्वाम् अवष्टभ्य , विसृजामि पुनᳵ पुनः ।

भूतग्रामम् इमं कृत्स्नम् , अवशं प्रकृतेर्वशात् ॥ ८

न च मां तानि कर्माणि , निबध्नन्ति धनञ्जय ।

उदासीनवदासीनम् , असक्तं तेषु कर्मसु ॥ ९

मयाध्यक्षेण प्रकृतिः , सूयते सचराचरम् ।

हेतुनानेन कौन्तेय , जगद् विपरिवर्तते ॥ १०

अवजानन्ति मां मूढाः , मानुषीं तनुम् आश्रितम् ।

परं भावम् अजानन्तः , मम भूतमहेश्वरम् ॥ ११

मोघाशा मोघकर्माणः , मोघज्ञाना विचेतसः ।

राक्षसीम् आसुरीं चैव , प्रकृतिं मोहिनीं श्रिताः ॥ १२

महात्मानस् तु मां पार्थ , दैवीं प्रकृतिम् आश्रिताः ।

भजन्त्यनन्यमनसः , ज्ञात्वा भूतादिम् अव्ययम् ॥ १३

सततं कीर्तयन्तो माम् , यतन्तश्च दृढव्रताः ।

नमस्यन्तश्च मां भक्त्या , नित्ययुक्ता उपासते ॥ १४

ज्ञानयज्ञेन चाप्यन्ये , यजन्तो माम् उपासते ।

एकत्वेन पृथक्त्वेन , बहुधा विश्वतोमुखम् ॥ १५

अहं क्रतुरहं यज्ञः , स्वधाहमहमौषधम् ।

मन्त्रोऽहमहमेवाज्यम् , अहम् अग्निर् अहं हुतम् ॥ १६

पिताहमस्य जगतः , माता धाता पितामहः ।

वेद्यं पवित्रम् ओङ्कारः , ऋक् साम यजुर् एव च ॥ १७

गतिर् भर्ता प्रभुस् साक्षी , निवासश् शरणं सुहृत् ।

प्रभवᳲ प्रलयस् स्थानम् , निधानं बीजम् अव्ययम् ॥ १८

तपाम्यहमहं वर्षम् , *निगृह्णाम्युत्सृजामि* च ।

अमृतं चैव मृत्युश्च , सद् असच्चाहम् अर्जुन ॥ १९

त्रैविद्या मां सोमपाः पूतपापाः ,

यज्ञैरिष्ट्वा स्वर्गतिं प्रार्थयन्ते ।

ते पुण्यमासाद्य सुरेन्द्रलोकम् ,

अश्नन्ति दिव्यान् दिवि देवभोगान् ॥ २०

ते तं भुक्त्वा स्वर्गलोकं विशालम् ,

क्षीणे पुण्ये मर्त्यलोकं विशन्ति ।

एवं त्रयीधर्मम् अनुप्रपन्नाः ,

गतागतं कामकामा लभन्ते ॥ २१

अनन्याश् चिन्तयन्तो माम् , ये जनाः पर्युपासते ।

तेषां नित्याभियुक्तानाम् , योगक्षेमं वहाम्यहम् ॥ २२

येऽप्यन्यदेवता भक्ताः , यजन्ते श्रद्धयान्विताः ।

तेऽपि मामेव कौन्तेय , यजन्त्यविधिपूर्वकम् ॥ २३

अहं हि सर्वयज्ञानाम् , भोक्ता च प्रभुरेव च ।

न तु माम् अभिजानन्ति , तत्त्वेनातश् च्यवन्ति ते ॥ २४

यान्ति देवव्रता देवान् , पितॄन्यान्ति पितृव्रताः ।
भूतानि यान्ति भूतेज्याः ,यान्ति मद्याजिनोऽपि माम् ॥ २५
पत्रं पुष्पं फलं तोयम् , यो मे भक्त्या प्रयच्छति ।
तद् अहं भक्त्युपहृतम् , अश्नामि प्रयतात्मनः ॥ २६
यत् करोषि यद् अश्नासि , यज् जुहोषि ददासि यत् ।
यत् तपस्यसि कौन्तेय , तत् कुरुष्व मदर्पणम् ॥ २७
शुभाशुभफलैरेवम् , मोक्ष्यसे कर्मबन्धनैः ।
सन्न्यासयोगयुक्तात्मा , विमुक्तो माम् उपैष्यसि ॥ २८
समोऽहं सर्वभूतेषु , न मे द्वेष्योऽस्ति न प्रियः ।
ये भजन्ति तु मां भक्त्या , मयि ते तेषु चाप्यहम् ॥ २९
अपि चेत् सुदुराचारः , भजते माम् अनन्यभाक् ।
साधुरेव स मन्तव्यः , सम्यग् व्यवसितो हि सः ॥ ३०
क्षिप्रं भवति धर्मात्मा , शश्वच् छान्तिं निगच्छति ।
कौन्तेय प्रतिजानीहि , न मे भक्तः प्रणश्यति ॥ ३१

मां हि पार्थ व्यपाश्रित्य , येऽपि स्युः पापयोनयः ।
स्त्रियो वैश्यास् तथा शूद्राः ,तेऽपि यान्ति परां गतिम्॥ ३२
किं पुनर् ब्राह्मणाः पुण्याः , भक्ता राजर्षयस् तथा ।
अनित्यम् असुखं लोकम् , इमं प्राप्य भजस्व माम् ॥ ३३
मन्मना भव मद्भक्तः , मद्याजी मां नमस्कुरु ।
मामेवैष्यसि युक्त्वैवम् , आत्मानं मत्परायणः ॥ ३४

ॐ तत् सत् ।

इति श्रीमद्भगवद्गीतासु उपनिषत्सु ब्रह्मविद्यायां योगशास्त्रे श्रीकृष्णार्जुनसंवादे राजविद्या-राजगुह्य-योगो नाम नवमोऽध्यायः

॥ ९ ॥

ॐ श्री परमात्मने नमः । अथ दशमोऽध्यायः

श्री भगवान् उवाच

भूय एव महाबाहो , श्रृणु मे परमं वचः ।

यत्तेऽहं प्रीयमाणाय , वक्ष्यामि हितकाम्यया ॥ १

न मे विदुस् सुरगणाः , प्रभवं न महर्षयः ।

अहम् आदिर् हि देवानाम् , महर्षीणां च सर्वशः ॥ २

यो माम् अजम् अनादिं च , वेत्ति लोकमहेश्वरम् ।

असम्मूढस् स मर्त्येषु , सर्वपापैः प्रमुच्यते ॥ ३

बुद्धिर् ज्ञानम् असम्मोहः , क्षमा सत्यं दमश् शमः ।

सुखं दुःखं भवोऽभावः , भयं चाभयम् एव च ॥ ४

अहिंसा समता तुष्टिः , तपो दानं यशोऽयशः ।

भवन्ति भावा भूतानाम् , मत्त एव पृथग्विधाः ॥ ५

महर्षयस् सप्त पूर्वे , चत्वारो मनवस् तथा ।

मद्भावा मानसा जाताः , येषां लोक इमाः प्रजाः ॥ ६

एतां विभूतिं योगं च , मम यो वेत्ति तत्त्वतः ।

सोऽविकम्पेन योगेन , युज्यते नात्र संशयः ॥ ७

अहं सर्वस्य प्रभवः , मत्तस् सर्वं प्रवर्तते ।

इति मत्वा भजन्ते माम् , बुधा भावसमन्विताः ॥ ८

मच्चित्ता मद्गतप्राणाः , बोधयन्तᳲ परस्परम् ।

कथयन्तश्च मां नित्यम् , तुष्यन्ति च रमन्ति च ॥ ९

तेषां सततयुक्तानाम् , भजतां प्रीतिपूर्वकम् ।

ददामि बुद्धियोगं तम् , येन माम् उपयान्ति ते ॥ १०

तेषाम् एवानुकम्पार्थम् , अहम् अज्ञानजं तमः ।

नाशयाम्यात्मभावस्थः , ज्ञानदीपेन भास्वता ॥ ११

अर्जुन उवाच

परं ब्रह्म परं धाम , पवित्रं परमं भवान् ।

पुरुषं शाश्वतं दिव्यम् , आदिदेवम् अजं विभुम् ॥ १२

आहुस् त्वाम् ऋषयस् सर्वे , देवर्षिर् नारदस् तथा ।

असितो देवलो व्यासः , स्वयं चैव ब्रवीषि मे ॥ १३

सर्वम् एतद् ऋतं मन्ये , यन्मां वदसि केशव ।

न हि ते भगवन् व्यक्तिम् , विदुर् देवा न दानवाः ॥ १४

स्वयम् एवात्मनात्मानम् , वेत्थ त्वं पुरुषोत्तम ।

भूतभावन भूतेश , देवदेव जगत्पते ॥ १५

वक्तुम् अर्हस्यशेषेण , दिव्या ह्यात्मविभूतयः ।

याभिर् विभूतिभिर् लोकान् ,इमांस्त्वं व्याप्य तिष्ठसि ॥ १६

कथं विद्यामहं योगिन् , त्वां सदा परिचिन्तयन् ।

केषु केषु च भावेषु , चिन्त्योऽसि भगवन् मया ॥ १७

विस्तरेणात्मनो योगम् , विभूतिं च जनार्दन ।

भूयꣳ कथय तृप्तिर् हि , श्रृण्वतो नास्ति मेऽमृतम् ॥ १८

श्री भगवान् उवाच

हन्त ते कथयिष्यामि , दिव्या ह्यात्मविभूतयः ।

प्राधान्यतꣳ कुरुश्रेष्ठ , नास्त्यन्तो विस्तरस्य मे ॥ १९

अहम् आत्मा गुडाकेश , सर्वभूताशयस्थितः ।

अहम् आदिश्च मध्यं च , भूतानामन्त एव च ॥ २०

आदित्यानाम् अहं विष्णुः , ज्योतिषां रविर् अंशुमान् ।
मरीचिर् मरुताम् अस्मि , नक्षत्राणाम् अहं शशी ॥ २१

वेदानां सामवेदोऽस्मि , देवानाम् अस्मि वासवः ।
इन्द्रियाणां मनश् चास्मि , भूतानाम् अस्मि चेतना ॥ २२

रुद्राणां शङ्करश् चास्मि , वित्तेशो यक्षरक्षसाम् ।
वसूनां पावकश् चास्मि , मेरुश् शिखरिणाम् अहम् ॥ २३

पुरोधसां च मुख्यं माम् , विद्धि पार्थ बृहस्पतिम् ।
सेनानीनाम् अहं स्कन्दः , सरसाम् अस्मि सागरः ॥ २४

महर्षीणां भृगुर् अहम् , गिराम् अस्म्येकम् अक्षरम् ।
यज्ञानां जपयज्ञोऽस्मि , स्थावराणां हिमालयः ॥ २५

अश्वत्थस् सर्ववृक्षाणाम् , देवर्षीणां च नारदः ।
गन्धर्वाणां चित्ररथः , सिद्धानां कपिलो मुनिः ॥ २६

उच्चैःश्रवसम् अश्वानाम् , विद्धि माम् अमृतोद्भवम् ।
ऐरावतं गजेन्द्राणाम् , नराणां च नराधिपम् ॥ २७

आयुधानाम् अहं वज्रम् , धेनूनाम् अस्मि कामधुक् ।

प्रजनश् चास्मि कन्दर्पः , सर्पाणाम् अस्मि वासुकिः ॥ २८

अनन्तश् चास्मि नागानाम् , वरुणो यादसाम् अहम् ।

पितॄणाम् अर्यमा चास्मि , यमस् संयमताम् अहम् ॥ २९

प्रह्लादश् चास्मि दैत्यानाम् , कालᳶ कलयतामहम् ।

मृगाणां च मृगेन्द्रोऽहम् , वैनतेयश्च पक्षिणाम् ॥ ३०

पवनᳶ पवताम् अस्मि , रामश् शस्त्रभृतामहम् ।

झषाणां मकरश् चास्मि , स्रोतसाम् अस्मि *जाह्नवी* ॥ ३१

सर्गाणाम् आदिरन्तश्च , मध्यं चैवाहम् अर्जुन ।

अध्यात्मविद्या विद्यानाम् , वादᳶ प्रवदताम् अहम् ॥ ३२

अक्षराणाम् अकारोऽस्मि , द्वन्द्वस् सामासिकस्य च ।

अहम् एवाक्षयᳶ कालः , धाताहं विश्वतोमुखः ॥ ३३

मृत्युस् सर्वहरश् चाहम् , उद्भवश्च भविष्यताम् ।

कीर्तिः श्रीर्वाक् च नारीणाम् ,

स्मृतिर् मेधा धृतिः क्षमा ॥ ३४

बृहत्साम तथा साम्नाम् , गायत्री छन्दसाम् अहम् ।

मासानां मार्गशीर्षोऽहम् , ऋतूनां कुसुमाकरः ॥ ३५

द्यूतं छलयताम् अस्मि , तेजस् तेजस्विनाम् अहम् ।

जयोऽस्मि व्यवसायोऽस्मि ,सत्त्वं सत्त्ववताम् अहम् ॥ ३६

वृष्णीनां वासुदेवोऽस्मि , पाण्डवानां धनञ्जयः ।

मुनीनाम् अप्यहं व्यासः , कवीनाम् उशना कविः ॥ ३७

दण्डो दमयताम् अस्मि , नीतिर् अस्मि जिगीषताम् ।

मौनं चैवास्मि गुह्यानाम् , ज्ञानं ज्ञानवताम् अहम् ॥ ३८

यच्चापि सर्वभूतानाम् , बीजं तद् अहम् अर्जुन ।

न तदस्ति विना यत् स्यात् , मया भूतं चराचरम् ॥ ३९

नान्तोऽस्ति मम दिव्यानाम् , विभूतीनां परन्तप ।

एष तूद्देशतः प्रोक्तः , विभूतेर् विस्तरो मया ॥ ४०

यद् यद् विभूतिमत् सत्त्वम् , श्रीमद् ऊर्जितम् एव वा ।

तत् तद् एवावगच्छत्वम् , मम तेजोंऽशसम्भवम् ॥ ४१

अथवा बहुनैतेन , किं ज्ञातेन तवार्जुन ।

विष्टभ्याहम् इदं कृत्स्नम् , एकांशेन स्थितो जगत् ॥ ४२

ॐ तत् सत् ।

इति श्रीमद्भगवद्गीतासु उपनिषत्सु ब्रह्मविद्यायां योगशास्त्रे

श्रीकृष्णार्जुनसंवादे विभूति-योगो नाम दशमोऽध्यायः

॥ १० ॥

ॐ श्री परमात्मने नमः । अथ एकादशोऽध्यायः

अर्जुन उवाच

मदनुग्रहाय परमम् , गुह्यम् अध्यात्मसञ्ज्ञितम् ।

यत् त्वयोक्तं वचस्तेन , मोहोऽयं विगतो मम ॥ १

भवाप्ययौ हि भूतानाम् , श्रुतौ विस्तरशो मया ।

त्वत्तः कमलपत्राक्ष , माहात्म्यम् अपि चाव्ययम् ॥ २

एवम् एतद् यथात्थत्वम् , आत्मानं परमेश्वर ।

द्रष्टुम् इच्छामि ते रूपम् , ऐश्वरं पुरुषोत्तम ॥ ३

मन्यसे यदि तच् छक्यम् , मया द्रष्टुम् इति प्रभो ।

योगेश्वर ततो मे त्वम् , दर्शयात्मानम् अव्ययम् ॥ ४

श्री भगवान् उवाच

पश्य मे पार्थ रूपाणि , शतशोऽथ सहस्रशः ।

नानाविधानि दिव्यानि , नानावर्णाकृतीनि च ॥ ५

पश्यादित्यान् वसून् रुद्रान् , अश्विनौ मरुतस् तथा ।

बहून्यदृष्टपूर्वाणि , पश्याश्चर्याणि भारत ॥ ६

इहैकस्थं जगत् कृत्स्नम् , पश्याद्य सचराचरम् ।

मम देहे गुडाकेश , यच्चान्यद् द्रष्टुम् इच्छसि ॥ ७

न तु मां शक्यसे द्रष्टुम् , अनेनैव स्वचक्षुषा ।

दिव्यं ददामि ते चक्षुः , पश्य मे योगम् ऐश्वरम् ॥ ८

सञ्जय उवाच

एवम् उक्त्वा ततो राजन् , महायोगेश्वरो हरिः ।

दर्शयामास पार्थाय , परमं रूपम् ऐश्वरम् ॥ ९

अनेकवक्त्रनयनम् , अनेकाद्भुतदर्शनम् ।

अनेकदिव्याभरणम् , दिव्यानेकोद्यतायुधम् ॥ १०

दिव्यमाल्याम्बरधरम् , दिव्यगन्धानुलेपनम् ।

सर्वाश्चर्यमयं देवम् , अनन्तं विश्वतोमुखम् ॥ ११

दिवि सूर्यसहस्रस्य , भवेद् युगपद् उत्थिता ।

यदि भास् सदृशी सा स्यात् ,भासस् तस्य महात्मनः ॥ १२

तत्रैकस्थं जगत् कृत्स् नम् , प्रविभक्तम् अनेकधा ।

अपश्यद् देवदेवस्य , शरीरे पाण्डवस् तदा ॥ १३

ततस् स विस्मयाविष्टः , हृष्टरोमा धनञ्जयः ।

प्रणम्य शिरसा देवम् , कृताञ्जलिर् अभाषत ॥ १४

अर्जुन उवाच

पश्यामि देवांस्तव देव देहे ,

सर्वांस्तथा भूतविशेषसङ्घान् ।

ब्रह्माणम् ईशं कमलासनस्थम् ,

ऋषींश्च सर्वान् उरगांश्च दिव्यान् ॥ १५

अनेकबाहूदरवक्त्रनेत्रम् ,

पश्यामि त्वां सर्वतोऽनन्तरूपम् ।

नान्तं न मध्यं न पुनस् तवादिम् ,

पश्यामि विश्वेश्वर विश्वरूप ॥ १६

किरीटिनं गदिनं चक्रिणं च ,

तेजोराशिं सर्वतो दीप्तिमन्तम् ।

पश्यामि त्वां दुर्निरीक्ष्यं समन्तात् ,

दीप्तानलार्कद्युतिम् अप्रमेयम् ॥ १७

त्वम् अक्षरं परमं वेदितव्यम् ,

त्वम् अस्य विश्वस्य परं निधानम् ।

त्वम् अव्ययश् शाश्वतधर्मगोप्ता ,

सनातनस्त्वं पुरुषो मतो मे ॥ १८

अनादिमध्यान्तम् अनन्तवीर्यम् ,

अनन्तबाहुं शशिसूर्यनेत्रम् ।

पश्यामि त्वां दीप्तहुताशवक्त्रम् ,

स्वतेजसा विश्वम् इदं तपन्तम् ॥ १९

द्यावापृथिव्योर् इदम् अन्तरं हि ,

व्याप्तं त्वयैकेन दिशश्च सर्वाः ।

दृष्ट्वाद्भुतं रूपम् उग्रं तवेदम् ,

लोकत्रयं प्रव्यथितं महात्मन् ॥ २०

अमी हि त्वां सुरसङ्घा विशन्ति ,

केचिद्भीताऽ प्राञ्जलयो गृणन्ति ।

स्वस्तीत्युक्त्वा महर्षिसिद्धसङ्घाः ,

स्तुवन्ति त्वां स्तुतिभिऽ पुष्कलाभिः ॥ २१

रुद्रादित्या वसवो ये च साद्याः ,

विश्वेऽश्विनौ मरुतश्चोष्मपाश्च ।

गन्धर्वयक्षासुरसिद्धसङ्घाः ,

वीक्षन्ते त्वां विस्मिताश्चैव सर्वे ॥ २२

रूपं महत्ते बहुवक्त्रनेत्रम् , महाबाहो बहुबाहूरुपादम् ।

बहूदरं बहुदंष्ट्राकरालम् ,

दृष्ट्वा लोकाऽ प्रव्यथितास् तथाहम् ॥ २३

नभःस्पृशं दीप्तम् अनेकवर्णम् ,

व्यात्ताननं दीप्तविशालनेत्रम् ।

दृष्ट्वा हि त्वां प्रव्यथितान्तरात्मा ,

धृतिं न विन्दामि शमं च विष्णो ॥ २४

दंष्ट्राकरालानि च ते मुखानि ,

दृष्ट्वैव कालानलसन्निभानि ।

दिशो न जाने न लभे च शर्म ,

प्रसीद देवेश जगन्निवास ॥ २५

अमि च त्वां धृतराष्ट्रस्य पुत्राः ,

सर्वे सहैवावनिपालसङ्घैः ।

भीष्मो द्रोणस् सूतपुत्रस् तथासौ ,

सहास्मदीयैर् अपि योधमुख्यैः ॥ २६

वक्त्राणि ते त्वरमाणा विशन्ति ,

दंष्ट्राकरालानि भयानकानि ।

केचिद् विलग्ना दशनान्तरेषु ,

सन्दृश्यन्ते चूर्णितैर् उत्तमाङ्गैः ॥ २७

यथा नदीनां बहवोऽम्बुवेगाः ,

समुद्रम् एवाभिमुखा द्रवन्ति ।

तथा तवामी नरलोकवीराः ,

विशन्ति वक्त्राण्यभिविज्वलन्ति ॥ २८

यथा प्रदीप्तं ज्वलनं पतङ्गाः ,

विशन्ति नाशाय समृद्धवेगाः ।

तथैव नाशाय विशन्ति लोकाः ,

तवापि वक्त्राणि समृद्धवेगाः ॥ २९

लेलिह्यसे ग्रसमानस् समन्तात् ,

लोकान् समग्रान् वदनैर् ज्वलद्भिः ।

तेजोभिर् आपूर्य जगत् समग्रम् ,

भासस् तवोग्राः प्रतपन्ति विष्णो ॥ ३०

आख्याहि मे को भवान् उग्ररूपः ,

नमोऽस्तु ते देववर प्रसीद ।

विज्ञातुम् इच्छामि भवन्तम् आद्यम् ,

न हि प्रजानामि तव प्रवृत्तिम् ॥ ३१

श्री भगवान् उवाच

कालोऽस्मि लोकक्षयकृत्प्रवृतद्धः ,

लोकान् समाहर्तुम् इह प्रवृत्तः ।

ऋतेऽपि त्वां न भविष्यन्ति सर्वे ,

येऽवस्थिताः प्रत्यनीकेषु योधाः ॥ ३२

तस्मात् त्वम् उत्तिष्ठ यशो लभस्व ,

जित्वा शत्रून् भुङ्क्ष्व राज्यं समृद्धम् ।

मयैवैते निहताः पूर्वम् एव ,

निमित्तमात्रं भव सव्यसाचिन् ॥ ३३

द्रोणं च भीष्मं च जयद्रथं च ,
कर्णं तथान्यान् अपि योधवीरान् ।
मया हतांस्त्वं जहि मा व्यथिष्ठाः ,
युध्यस्व जेतासि रणे सपत्नान् ॥ ३४

सञ्जय उवाच

एतच् छ्रुत्वा वचनं केशवस्य ,
कृताञ्जलिर् वेपमानः किरीटी ।
नमस्कृत्वा भूय एवाह कृष्णम् ,
सगद्गदं भीतभीतः प्रणम्य ॥ ३५

अर्जुन उवाच

स्थाने हृषीकेश तव प्रकीर्त्या ,
जगत् प्रहृष्यत्यनुरज्यते च ।
रक्षांसि भीतानि दिशो द्रवन्ति ,
सर्वे नमस्यन्ति च सिद्धसङ्घाः ॥ ३६

कस्माच्च ते न नमेरन् महात्मन् ,

गरीयसे ब्रह्मणोऽप्यादिकर्त्रे ।

अनन्त देवेश जगन्निवास ,

त्वम् अक्षरं सद् असत् तत् परं यत् ॥ ३७

त्वम् आदिदेवः पुरुषः पुराणः ,

त्वम् अस्य विश्वस्य परं निधानम् ।

वेत्तासि वेद्यं च परं च धाम ,

त्वया ततं विश्वम् अनन्तरूप ॥ ३८

वायुर् यमोऽग्निर् वरुणश् शशाङ्कः ,

प्रजापतिस् त्वं प्रपितामहश्च ।

नमो नमस्तेऽस्तु सहस्त्रकृत्वः ,

पुनश्च भूयोऽपि नमो नमस्ते ॥ ३९

नमः पुरस्ताद् अथ पृष्ठतस् ते ,

नमोऽस्तु ते सर्वत एव सर्व ।

अनन्तवीर्यामितविक्रमस् त्वम् ,

सर्वं समाप्नोषि ततोऽसि सर्वः ॥ ४०

सखेति मत्वा प्रसभं यद् उक्तम् ,

हे कृष्ण हे यादव हे सखेति ।

अजानता महिमानं तवेदम् ,

मया प्रमादात् प्रणयेन वापि ॥ ४१

यच् चावहासार्थम् असत्कृतोऽसि ,

विहारशय्यासनभोजनेषु ।

एकोऽथवाप्यच्युत तत् समक्षम् ,

तत् क्षामये त्वाम् अहम् अप्रमेयम् ॥ ४२

पितासि लोकस्य चराचरस्य ,

त्वम् अस्य पूज्यश्च गुरुर् गरीयान् ।

न त्वत्समोऽस्त्यभ्यधिकः कुतोऽन्यः ,

लोकत्रयेऽप्यप्रतिमप्रभाव ॥ ४३

तस्मात् प्रणम्य प्रणिधाय कायम् ,

प्रसादये त्वाम् अहम् ईशम् ईड्यम् ।

पितेव पुत्रस्य सखेव सख्युः ,

प्रियः प्रियायार्हसि देव सोढुम् ॥ ४४

अदृष्टपूर्वं हृषितोऽस्मि दृष्ट्वा , भयेन च प्रव्यथितं मनो मे ।

तदेव मे दर्शय देवरूपम् , प्रसीद देवेश जगन्निवास ॥ ४५

किरीटिनं गदिनं चक्रहस्तम् ,

इच्छामि त्वां द्रष्टुम् अहं तथैव ।

तेनैव रूपेण चतुर्भुजेन ,

सहस्रबाहो भव विश्वमूर्ते ॥ ४६

श्री भगवान् उवाच

मया प्रसन्नेन तवार्जुनेदम् ,

रूपं परं दर्शितम् आत्मयोगात् ।

तेजोमयं विश्वम् अनन्तम् आद्यम् ,

यन्मे त्वद् अन्येन न दृष्टपूर्वम् ॥ ४७

न वेदयज्ञाध्ययनैर् न दानैः ,

न च क्रियाभिर् न तपोभिर् उग्रैः ।

एवंरूपश् शक्य अहं नृलोके ,

द्रष्टुं त्वद् अन्येन कुरुप्रवीर ॥ ४८

मा ते व्यथा मा च विमूढभावः ,

दृष्ट्वा रूपं घोरम् ईदृङ्ममेदम् ।

व्यपेतभीः प्रीतमनाः पुनस् त्वम् ,

तद् एव मे रूपम् इदं प्रपश्य ॥ ४९

सञ्जय उवाच

इत्यर्जुनं वासुदेवस् तथोक्त्वा ,

स्वकं रूपं दर्शयामास भूयः ।

आश्वासयामास च भीतम् एनम् ,

भूत्वा पुनस् सौम्यवपुर् महात्मा ॥ ५०

अर्जुन उवाच

दृष्ट्वेदं मानुषं रूपम् , तव सौम्यं जनार्दन ।

इदानीम् अस्मि संवृत्तः , सचेताः प्रकृतिं गतः ॥ ५१

श्री भगवान् उवाच

सुदुर्दर्शम् इदं रूपम् , दृष्टवानसि यन् मम ।

देवा अप्यस्य रूपस्य , नित्यं दर्शनकाङ्क्षिणः ॥ ५२

नाहं वेदैर् न तपसा , न दानेन न चेज्यया ।

शक्य एवंविधो द्रष्टुम् , दृष्टवानसि मां यथा ॥ ५३

भक्त्या त्वनन्यया शक्यः , अहम् एवंविधोऽर्जुन ।

ज्ञातुं द्रष्टुं च तत्त्वेन , प्रवेष्टुं च परन्तप ॥ ५४

मत्कर्मकृन् मत्परमः , मद्भक्तस् सङ्गवर्जितः ।

निर्वैरस् सर्वभूतेषु , यस् स माम् एति पाण्डव ॥ ५५

ॐ तत् सत् ।

इति श्रीमद्भगवद्गीतासु उपनिषत्सु ब्रह्मविद्यायां योगशास्त्रे

श्रीकृष्णार्जुनसंवादे विश्व-रूप-दर्शन-योगोनाम

एकादशोऽध्यायः

॥ ११ ॥

ॐ श्री परमात्मने नमः । अथ द्वादशोऽध्यायः

अर्जुन उवाच

एवं सततयुक्ता ये , भक्तास् त्वां पर्युपासते ।

ये चाप्यक्षरम् अव्यक्तम् , तेषां के योगवित्तमाः ॥ १

श्री भगवान् उवाच

मय्यावेश्य मनो ये माम् , नित्ययुक्ता उपासते ।

श्रद्धया परयोपेताः , ते मे युक्ततमा मताः ॥ २

ये त्वक्षरम् अनिर्देश्यम् , अव्यक्तं पर्युपासते ।

सर्वत्रगम् अचिन्त्यं च , कूटस्थम् अचलं ध्रुवम् ॥ ३

सन्नियम्येन्द्रियग्रामम् , सर्वत्र समबुद्धयः ।

ते प्राप्नुवन्ति माम् एव , सर्वभूतहिते रताः ॥ ४

क्लेशोऽधिकतरस् तेषाम् , अव्यक्तासक्तचेतसाम् ।

अव्यक्ता हि गतिर् दुःखम् , देहवद्भिर् अवाप्यते ॥ ५

ये तु सर्वाणि कर्माणि , मयि सन्न्यस्य मत्पराः ।

अनन्येनैव योगेन , मां ध्यायन्त उपासते ॥ ६

तेषाम् अहं समुद्धर्ता , मृत्युसंसारसागरात् ।

भवामि नचिरात् पार्थ , मय्यावेशितचेतसाम् ॥ ७

मय्येव मन आधत्स्व , मयि बुद्धिं निवेशय ।

निवसिष्यसि मय्येव , अत ऊर्ध्वं न संशयः ॥ ८

अथ चित्तं समाधातुम् , न शक्नोषि मयि स्थिरम् ।

अभ्यासयोगेन ततः , माम् इच्छाप्तुं धनञ्जय ॥ ९

अभ्यासेऽप्यसमर्थोऽसि , मत्कर्मपरमो भव ।

मदर्थम् अपि कर्माणि , कुर्वन् सिद्धिम् अवाप्स्यसि ॥ १०

अथैतदप्यशक्तोऽसि , कर्तुं मद्योगम् आश्रितः ।

सर्वकर्मफलत्यागम् , ततꣵ कुरु यतात्मवान् ॥ ११

श्रेयो हि ज्ञानम् अभ्यासात् , ज्ञानाद् ध्यानं विशिष्यते ।

ध्यानात् कर्मफलत्यागः ,त्यागाच्छान्तिर् अनन्तरम् ॥ १२

अद्वेष्टा सर्वभूतानाम् , मैत्रꣵ करुण एव च ।

निर्ममो निर्-अहङ्कारः , समदुःखसुखः क्षमी ॥ १३

सन्तुष्टस् सततं योगी , यतात्मा दृढनिश्चयः ।

मय्यर्पितमनोबुद्धिः , यो मद्भक्तस् स मे प्रियः ॥ १४

यस्मान् नोद्विजते लोकः , लोकान् नोद्विजते च यः ।

हर्षामर्षभयोद्-वेगैः , मुक्तो यस् स च मे प्रियः ॥ १५

अनपेक्षश् शुचिर्दक्षः , उदासीनो गतव्यथः ।

सर्वारम्भपरित्यागी , यो मद्भक्तस् स मे प्रियः ॥ १६

यो न हृष्यति न द्वेष्टि , न शोचति न काङ्क्षति ।

शुभाशुभपरित्यागी , भक्तिमान्यस् स मे प्रियः ॥ १७

समश् शत्रौ च मित्रे च , तथा मानापमानयोः ।

शीतोष्णसुखदुःखेषु , समस् सङ्गविवर्जितः ॥ १८

तुल्यनिन्दास्तुतिर् मौनी , सन्तुष्टो येन केनचित् ।

अनिकेतस् स्थिरमतिः , भक्तिमान् मे प्रियो नरः ॥ १९

ये तु धर्म्यामृतम् इदम् , यथोक्तं पर्युपासते ।

श्रद्दधाना मत्परमाः , भक्तास् तेऽतीव मे प्रियाः ॥ २०

ॐ तत् सत् ।

इति श्रीमद्भगवद्गीतासु उपनिषत्सु ब्रह्मविद्यायां योगशास्त्रे श्रीकृष्णार्जुनसंवादे भक्ति-योगो नाम द्वादशोऽध्यायः

॥ १२ ॥

ॐ श्री परमात्मने नमः । अथ त्रयोदशोऽध्यायः

Only few versions of the Gita have this verse.

अर्जुन उवाच

प्रकृतिं पुरुषं चैव , क्षेत्रं क्षेत्रज्ञम् एव च ।

एतद् वेदितुम् इच्छामि , ज्ञानं ज्ञेयं च केशव ॥

It changes the verse count from 700 to 701.

श्री भगवान् उवाच

इदं शरीरं कौन्तेय , क्षेत्रम् इत्यभिधीयते ।

एतद् यो वेत्ति तं प्राहुः , क्षेत्रज्ञ इति तद्विदः ॥ १

क्षेत्रज्ञं चापि मां विद्धि , सर्वक्षेत्रेषु भारत ।

क्षेत्रक्षेत्रज्ञयोर् ज्ञानम् , यत् तज् ज्ञानं मतं मम ॥ २

तत् क्षेत्रं यच् च यादृक् च , यद्विकारि यतश्च यत् ।

स च यो यत्प्रभावश् च , तत् समासेन मे शृणु ॥ ३

ऋषिभिर् बहुधा गीतम् , छन्दोभिर् विविधैः पृथक् ।
ब्रह्मसूत्रपदैश् चैव , हेतुमद्भिर् विनिश्चितैः ॥ ४

महाभूतान्यहङ्कारः , बुद्धिर् अव्यक्तम् एव च ।
इन्द्रियाणि दशैकं च , पञ्च चेन्द्रियगोचराः ॥ ५

इच्छा द्वेषस् सुखं दुःखम् , सङ्घातश् चेतना धृतिः ।
एतत् क्षेत्रं समासेन , सविकारम् उदाहृतम् ॥ ६

अमानित्वम् अदम्भित्वम् , अहिंसा क्षान्तिर् आर्जवम् ।
आचार्योपासनं शौचम् , स्थैर्यम् आत्मविनिग्रहः ॥ ७

इन्द्रियार्थेषु वैराग्यम् , अनहङ्कार एव च ।
जन्म-मृत्यु-जरा-व्याधि-दुःख-दोषानुदर्शनम् ॥ ८

असक्तिर् अनभिष्वङ्गः , पुत्र-दार-गृहादिषु ।
नित्यं च समचित्तत्वम् , इष्टानिष्टोपपत्तिषु ॥ ९

मयि चानन्ययोगेन , भक्तिर् अव्यभिचारिणी ।
विविक्तदेशसेवित्वम् , अरतिर् जनसंसदि ॥ १०

अध्यात्मज्ञाननित्यत्वम् , तत्त्वज्ञानार्थदर्शनम् ।

एतज् ज्ञानम् इति प्रोक्तम् , अज्ञानं यदतोऽन्यथा ॥ ११

ज्ञेयं यत् तत् प्रवक्ष्यामि , यज् ज्ञात्वामृतम् अश्नुते ।

अनादिमत् परं ब्रह्म , न सत् तन्नासद् उच्यते ॥ १२

सर्वतꣳ पाणिपादं तत् , सर्वतोऽक्षिशिरोमुखम् ।

सर्वतः श्रुतिमल्लोके , सर्वम् आवृत्य तिष्ठति ॥ १३

सर्वेन्द्रियगुणाभासम् , सर्वेन्द्रियविवर्जितम् ।

असक्तं सर्वभृच् चैव , निर्गुणं गुणभोक्तृ च ॥ १४

बहिर् अन्तश्च भूतानाम् , अचरं चरम् एव च ।

सूक्ष्मत्वात् तद् अविज्ञेयम् , दूरस्थं चान्तिके च तत् ॥ १५

अविभक्तं च भूतेषु , विभक्तम् इव च स्थितम् ।

भूतभर्तृ च तज् ज्ञेयम् , ग्रसिष्णु प्रभविष्णु च ॥ १६

ज्योतिषाम् अपि तज् ज्योतिः , तमसꣳ परम् उच्यते ।

ज्ञानं ज्ञेयं ज्ञानगम्यम् , हृदि सर्वस्य विष्ठितम् ॥ १७

इति क्षेत्रं तथा ज्ञानम् , ज्ञेयं चोक्तं समासतः ।

मद्भक्त एतद् विज्ञाय , मद्भावायोपपद्यते ॥ १८

प्रकृतिं पुरुषं चैव , विद्ध्यनादी उभावपि ।

विकारांश्च गुणांश् चैव , विद्धि प्रकृतिसम्भवान् ॥ १९

कार्यकरणकर्तृत्वे , हेतुः प्रकृतिर् उच्यते ।

पुरुषस् सुखदुःखानाम् , भोक्तृत्वे हेतुर् उच्यते ॥ २०

पुरुषः प्रकृतिस्थो हि , भुङ्क्ते प्रकृतिजान् गुणान् ।

कारणं गुणसङ्गोऽस्य , सद्-असद्-योनिजन्मसु ॥ २१

उपद्रष्टानुमन्ता च , भर्ता भोक्ता महेश्वरः ।

परमात्मेति चाप्युक्तः , देहेऽस्मिन् पुरुषः परः ॥ २२

य एवं वेत्ति पुरुषम् , प्रकृतिं च गुणैः सह ।

सर्वथा वर्तमानोऽपि , न स भूयोऽभिजायते ॥ २३

ध्यानेनात्मनि पश्यन्ति , केचिद् आत्मानमात्मना ।

अन्ये साङ्ख्येन योगेन , कर्मयोगेन चापरे ॥ २४

अन्ये त्वेवम् अजानन्तः , श्रुत्वान्येभ्य उपासते ।

तेऽपि चातितरन्त्येव , मृत्युं श्रुतिपरायणाः ॥ २५

यावत् सञ्जायते किञ्चित् , सत्त्वं स्थावरजङ्गमम् ।

क्षेत्रक्षेत्रज्ञसंयोगात् , तद् विद्धि भरतर्षभ ॥ २६

समं सर्वेषु भूतेषु , तिष्ठन्तं परमेश्वरम् ।

विनश्यत्स्वविनश्यन्तम् , यः पश्यति स पश्यति ॥ २७

समं पश्यन् हि सर्वत्र , समवस्थितम् ईश्वरम् ।

न हिनस्त्यात्मनात्मानम् , ततो याति परां गतिम् ॥ २८

प्रकृत्यैव च कर्माणि , क्रियमाणानि सर्वशः ।

यः पश्यति तथाऽऽत्मानम् , अकर्तारं स पश्यति ॥ २९

यदा भूतपृथग्भावम् , एकस्थम् अनुपश्यति ।

तत एव च विस्तारम् , ब्रह्म सम्पद्यते तदा ॥ ३०

अनादित्वान् निर्गुणत्वात् , परमात्मा अयम् अव्ययः ।

शरीरस्थोऽपि कौन्तेय , न करोति न लिप्यते ॥ ३१

यथा सर्वगतं सौक्ष्म्यात् , आकाशं नोपलिप्यते ।

सर्वत्रावस्थितो देहे , तथाऽऽत्मा नोपलिप्यते ॥ ३२

यथा प्रकाशयत्येकः , कृत्स्नं लोकम् इमं रविः ।

क्षेत्रं क्षेत्री तथा कृत्स्नम् , प्रकाशयति भारत ॥ ३३

क्षेत्रक्षेत्रज्ञयोर् एवम् , अन्तरं ज्ञानचक्षुषा ।

भूतप्रकृतिमोक्षं च , ये विदुर् यान्ति ते परम् ॥ ३४

ॐ तत् सत् ।

इति श्रीमद्भगवद्गीतासु उपनिषत्सु ब्रह्मविद्यायां योगशास्त्रे

श्रीकृष्णार्जुनसंवादे क्षेत्र-क्षेत्रज्ञ-विभाग-योगो नाम

त्रयोदशोऽध्यायः

॥ १३ ॥

ॐ श्री परमात्मने नमः । अथ चतुर्दशोऽध्यायः

श्री भगवान् उवाच

परं भूयः प्रवक्ष्यामि , ज्ञानानां ज्ञानम् उत्तमम् ।

यज् ज्ञात्वा मुनयस् सर्वे , परां सिद्धिम् इतो गताः ॥ १

इदं ज्ञानम् उपाश्रित्य , मम साधर्म्यम् आगताः ।

सर्गेऽपि नोपजायन्ते , प्रलये न व्यथन्ति च ॥ २

मम योनिर् महद् ब्रह्म , तस्मिन् गर्भं दधाम्यहम् ।

सम्भवस् सर्वभूतानाम् , ततो भवति भारत ॥ ३

सर्वयोनिषु कौन्तेय , मूर्तयस् सम्भवन्ति याः ।

तासां ब्रह्म महद् योनिः , अहं बीजप्रदः पिता ॥ ४

सत्त्वं रजस् तम इति , गुणाः प्रकृतिसम्भवाः ।

निबध्नन्ति महाबाहो , देहे देहिनम् अव्ययम् ॥ ५

तत्र सत्त्वं निर्मलत्वात् , प्रकाशकम् अनामयम् ।

सुखसङ्गेन बध्नाति , ज्ञानसङ्गेन चानघ ॥ ६

रजो रागात्मकं विद्धि , तृष्णासङ्गसमुद्भवम् ।

तन् निबध्नाति कौन्तेय , कर्मसङ्गेन देहिनम् ॥ ७

तमस् त्वज्ञानजं विद्धि , मोहनं सर्वदेहिनाम् ।

प्रमादालस्यनिद्राभिः , तन् निबध्नाति भारत ॥ ८

सत्त्वं सुखे सञ्जयति , रजः कर्मणि भारत ।

ज्ञानम् आवृत्य तु तमः , प्रमादे सञ्जयत्युत ॥ ९

रजस् तमश् चाभिभूय , सत्त्वं भवति भारत ।

रजस् सत्त्वं तमश् चैव , तमस् सत्त्वं रजस् तथा ॥ १०

सर्वद्वारेषु देहेऽस्मिन् , प्रकाश उपजायते ।

ज्ञानं यदा तदा विद्यात् , विवृद्धं सत्त्वम् इत्युत ॥ ११

लोभः प्रवृत्तिरारम्भः , कर्मणाम् अशमस् स्पृहा ।

रजस्येतानि जायन्ते , विवृद्धे भरतर्षभ ॥ १२

अप्रकाशोऽप्रवृत्तिश्च , प्रमादो मोह एव च ।

तमस्येतानि जायन्ते , विवृद्धे कुरुनन्दन ॥ १३

यदा सत्त्वे प्रवृद्धे तु , प्रलयं याति देहभृत् ।
तदोत्तमविदां लोकान् , अमलान् प्रतिपद्यते ॥ १४

रजसि प्रलयं गत्वा , कर्मसङ्गिषु जायते ।
तथा प्रलीनस् तमसि , मूढयोनिषु जायते ॥ १५

कर्मणस् सुकृतस्याहुः , सात्त्विकं निर्मलं फलम् ।
रजसस् तु फलं दुःखम् , अज्ञानं तमसः फलम् ॥ १६

सत्त्वात् सञ्जायते ज्ञानम् , रजसो लोभ एव च ।
प्रमादमोहौ तमसः , भवतोऽज्ञानम् एव च ॥ १७

ऊर्ध्वं गच्छन्ति सत्त्वस्थाः , मध्ये तिष्ठन्ति राजसाः ।
जघन्यगुणवृत्तिस्थाः , अधो गच्छन्ति तामसाः ॥ १८

नान्यं गुणेभ्यः कर्तारम् , यदा द्रष्टा अनुपश्यति ।
गुणेभ्यश्च परं वेत्ति , मद्भावं सोऽधिगच्छति ॥ १९

गुणान् एतान् अतीत्य त्रीन् , देही देहसमुद्भवान् ।
जन्ममृत्युजरादुःखैः , विमुक्तोऽमृतम् अश्नुते ॥ २०

अर्जुन उवाच

कैर् लिङ्गैस् त्रीन् गुणान् एतान् , अतीतो भवति प्रभो ।

किमाचारः कथं चैतान् , त्रीन् गुणान् अतिवर्तते ॥ २१

श्री भगवान् उवाच

प्रकाशं च प्रवृत्तिं च , मोहम् एव च पाण्डव ।

न द्वेष्टि सम्प्रवृत्तानि , न निवृत्तानि काङ्क्षति ॥ २२

उदासीनवदासीनः , गुणैर् यो न विचाल्यते ।

गुणा वर्तन्त इत्येव , योऽवतिष्ठति नेङ्गते ॥ २३

समदुःखसुखस् स्वस्थः , समलोष्टाश्मकाञ्चनः ।

तुल्यप्रियाप्रियो धीरः , तुल्यनिन्दात्मसंस्तुतिः ॥ २४

मानापमानयोस् तुल्यः , तुल्यो मित्रारिपक्षयोः ।

सर्वारम्भपरित्यागी , गुणातीतस् स उच्यते ॥ २५

मां च योऽव्यभिचारेण , भक्तियोगेन सेवते ।

स गुणान् समतीत्यैतान् , ब्रह्मभूयाय कल्पते ॥ २६

ब्रह्मणो हि प्रतिष्ठाहम् , अमृतस्याव्ययस्य च ।

शाश्वतस्य च धर्मस्य , सुखस्यैकान्तिकस्य च ॥ २७

ॐ तत् सत् ।

इति श्रीमद्भगवद्गीतासु उपनिषत्सु ब्रह्मविद्यायां योगशास्त्रे

श्रीकृष्णार्जुनसंवादे गुण-त्रय-विभाग-योगो नाम

चतुर्दशोऽध्यायः

॥ १४ ॥

ॐ श्री परमात्मने नमः । अथ पञ्चदशोऽध्यायः

श्री भगवान् उवाच

ऊर्ध्वमूलम् अधःशाखम् , अश्वत्थं प्राहुर् अव्ययम् ।

छन्दांसि यस्य पर्णानि , यस्तं वेद स वेदवित् ॥ १

अधश् चोर्ध्वं प्रसृतास् तस्य शाखाः ,

गुणप्रवृद्धा विषयप्रवालाः ।

अधश्च मूलान्यनुसन्ततानि ,

कर्मानुबन्धीनि मनुष्यलोके ॥ २

न रूपमस्येह तथोपलभ्यते ,

नान्तो न चादिर् न च सम्प्रतिष्ठा ।

अश्वत्थमेनं सुविरूढमूलम् ,

असङ्गशस्त्रेण दृढेन छित्त्वा ॥ ३

ततः पदं तत् परिमार्गितव्यम् ,

यस्मिन् गता न निवर्तन्ति भूयः ।

तमेव चाद्यं पुरुषं प्रपद्ये ,यतः प्रवृत्तिः प्रसृता पुराणी ॥४

निर्मानमोहा जितसङ्गदोषाः ,

अध्यात्मनित्या विनिवृत्तकामाः ।

द्वन्द्वैर् विमुक्तास् सुखदुःखसञ्ज्ञैः ,

गच्छन्त्यमूढाऽ पदम् अव्ययं तत् ॥ ५

न तद्भासयते सूर्यः , न शशाङ्को न पावकः ।

यद्गत्वा न निवर्तन्ते , तद्धाम परमं मम ॥ ६

ममैवांशो जीवलोके , जीवभूतस् सनातनः ।

मनःषष्ठानि इन्द्रियाणि , प्रकृतिस्थानि कर्षति ॥ ७

शरीरं यदवाप्नोति , यच् चाप्युत् क्रामतीश्वरः ।

गृहीत्वैतानि संयाति , वायुर् गन्धानिवाशयात् ॥ ८

श्रोत्रं चक्षुस् स्पर्शनं च , रसनं घ्राणम् एव च ।

अधिष्ठाय मनश् चायम् , विषयान् उपसेवते ॥ ९

उत्क्रामन्तं स्थितं वापि , भुञ्जानं वा गुणान्वितम् ।

विमूढा नानुपश्यन्ति , पश्यन्ति ज्ञानचक्षुषः ॥ १०

यतन्तो योगिनश् चैनम् , पश्यन्त्यात्मन्यवस्थितम् ।

यतन्तोऽप्यकृतात्मानः , नैनं पश्यन्त्यचेतसः ॥ ११

यदादित्यगतं तेजः , जगद्भासयतेऽखिलम् ।

यच् चन्द्रमसि यच् चाग्नौ ,तत् तेजो विद्धि मामकम् ॥१२

गामाविश्य च भूतानि , धारयाम्यहमोजसा ।

पुष्णामि चौषधीस् सर्वाः , सोमो भूत्वा रसात्मकः ॥ १३

अहं वैश्वानरो भूत्वा , प्राणिनां देहम् आश्रितः ।

प्राणापानसमायुक्तः , पचाम्यन्नं चतुर्विधम् ॥ १४

सर्वस्य चाहं हृदि सन्निविष्टः ,

मत्तस् स्मृतिर् ज्ञानम् अपोहनं च ।

वेदैश्च सर्वैर् अहमेव वेद्यः ,

वेदान्तकृद् वेदविदेव चाहम् ॥ १५

द्वाविमौ पुरुषौ लोके , क्षरश् चाक्षर एव च ।

क्षरस् सर्वाणि भूतानि , कूटस्थोऽक्षर उच्यते ॥ १६

उत्तमᳶ पुरुषस् त्वन्यः , परमात्मेत्युदाहृतः ।

यो लोकत्रयमाविश्य , बिभर्त्यव्यय ईश्वरः ॥ १७

यस्मात् क्षरम् अतीतोऽहम् , अक्षराद् अपि चोत्तमः ।

अतोऽस्मि लोके वेदे च , प्रथितᳶ पुरुषोत्तमः ॥ १८

यो माम् एवम् असम्मूढः , जानाति पुरुषोत्तमम् ।

स सर्वविद्भजति माम् , सर्वभावेन भारत ॥ १९

इति गुह्यतमं शास्त्रम् , इदम् उक्तं मयानघ ।

एतद्बुद्ध्वा बुद्धिमान् स्यात् ,

कृतकृत्यश् च भारत ॥ २०

ॐ तत् सत् ।

इति श्रीमद्भगवद्गीतासु उपनिषत्सु ब्रह्मविद्यायां योगशास्त्रे

श्रीकृष्णार्जुनसंवादे पुरुषोत्तम-योगो नाम

पञ्चदशोऽध्यायः

॥ १५ ॥

ॐ श्री परमात्मने नमः । अथ षोडशोऽध्यायः

श्री भगवान् उवाच

अभयं सत्त्वसंशुद्धिः , ज्ञानयोगव्यवस्थितिः ।

दानं दमश्च यज्ञश्च , स्वाध्यायस् तप आर्जवम् ॥ १

अहिंसा सत्यम् अक्रोधः , त्यागश् शान्तिर् अपैशुनम् ।

दया भूतेष्वलोलुस्त्वम् , मार्दवं ह्रीर् अचापलम् ॥ २

तेजः क्षमा धृतिश् शौचम् , अद्रोहो नातिमानिता ।

भवन्ति सम्पदं दैवीम् , अभिजातस्य भारत ॥ ३

दम्भो दर्पोऽभिमानश्च , क्रोधः पारुष्यम् एव च ।

अज्ञानं चाभिजातस्य , पार्थ सम्पदम् आसुरीम् ॥ ४

दैवी सम्पद् विमोक्षाय , निबन्धायासुरी मता ।

मा शुचस् सम्पदं दैवीम् , अभिजातोऽसि पाण्डव ॥ ५

द्वौ भूतसर्गौ लोकेऽस्मिन् , दैव आसुर एव च ।

दैवो विस्तरशः प्रोक्तः , आसुरं पार्थ मे श्रृणु ॥ ६

प्रवृत्तिं च निवृत्तिं च , जना न विदुर् आसुराः ।

न शौचं नापि चाचारः , न सत्यं तेषु विद्यते ॥ ७

असत्यम् अप्रतिष्ठं ते , जगद् आहुर् अनीश्वरम् ।

अपरस्परसम्भूतम् , किम् अन्यत् कामहैतुकम् ॥ ८

एतां दृष्टिम् अवष्टभ्य , नष्टात्मानोऽल्पबुद्धयः ।

प्रभवन्त्युग्रकर्माणः , क्षयाय जगतोऽहिताः ॥ ९

कामम् आश्रित्य दुष्पूरम् , दम्भमानमदान्विताः ।

मोहाद्गृहीत्वासद्ग्राहान् , प्रवर्तन्तेऽशुचिव्रताः ॥ १०

चिन्ताम् अपरिमेयां च , प्रलयान्ताम् उपाश्रिताः ।

कामोपभोगपरमाः , एतावद् इति निश्चिताः ॥ ११

आशापाशशतैर् बद्धाः , कामक्रोधपरायणाः ।

ईहन्ते कामभोगार्थम् , अन्यायेनार्थसञ्चयान् ॥ १२

इदम् अद्य मया लब्धम् , इमं प्राप्स्ये मनोरथम् ।

इदम् अस्तीदम् अपि मे , भविष्यति पुनर् धनम् ॥ १३

असौ मया हतश् शत्रुः , हनिष्ये चापरान् अपि ।

ईश्वरोऽहम् अहं भोगी , सिद्धोऽहं बलवान् सुखी ॥ १४

आढ्योऽभिजनवान् अस्मि , कोऽन्योऽस्ति सदृशो मया ।

यक्ष्ये दास्यामि मोदिष्य , इत्यज्ञानविमोहिताः ॥ १५

अनेकचित्तविभ्रान्ताः , मोहजालसमावृताः ।

प्रसक्ताः कामभोगेषु , पतन्ति नरकेऽशुचौ ॥ १६

आत्मसम्भाविताः स्तब्धाः , धनमानमदान्विताः ।

यजन्ते नामयज्ञैस् ते , दम्भेनाविधिपूर्वकम् ॥ १७

अहङ्कारं बलं दर्पम् , कामं क्रोधं च संश्रिताः ।

माम् आत्मपरदेहेषु , प्रद्विषन्तोऽभ्यसूयकाः ॥ १८

तान् अहं द्विषतः क्रूरान् , संसारेषु नराधमान् ।

क्षिपाम्यजस्रम् अशुभान् , आसुरीष्वेव योनिषु ॥ १९

आसुरीं योनिमापन्नाः , मूढा जन्मनि जन्मनि ।

माम् अप्राप्यैव कौन्तेय , ततो यान्त्यधमां गतिम् ॥ २०

त्रिविधं नरकस्येदम् , द्वारं नाशनम् आत्मनः ।

कामᳵ क्रोधस् तथा लोभः ,तस्माद् एतत् त्रयं त्यजेत्॥ २१

एतैर् विमुक्तᳵ कौन्तेय , तमोद्वारैस् त्रिभिर् नरः ।

आचरत्यात्मनश् श्रेयः , ततो याति परां गतिम् ॥ २२

यश् शास्त्रविधिम् उत्सृज्य , वर्तते कामकारतः।

न स सिद्धिम् अवाप्नोति , न सुखं न परां गतिम् ॥ २३

तस्माच् छास्त्रं प्रमाणं ते , कार्याकार्यव्यवस्थितौ ।

ज्ञात्वा शास्त्रविधानोक्तम् , कर्म कर्तुम् इहार्हसि ॥ २४

ॐ तत् सत् ।

इति श्रीमद्भगवद्गीतासु उपनिषत्सु ब्रह्मविद्यायां योगशास्त्रे श्रीकृष्णार्जुनसंवादे दैवासुर-सम्पद्-विभाग-योगो नाम षोडशोऽध्यायः

॥ १६ ॥

ॐ श्री परमात्मने नमः । अथ सप्तदशोऽध्यायः

अर्जुन उवाच

ये शास्त्रविधिम् उत्सृज्य , यजन्ते श्रद्धयान्विताः ।

तेषां निष्ठा तु का कृष्ण , सत्त्वम् आहो रजस् तमः ॥ १

श्री भगवान् उवाच

त्रिविधा भवति श्रद्धा , देहिनां सा स्वभावजा ।

सात्त्विकी राजसी चैव , तामसी चेति तां शृणु ॥ २

सत्त्वानुरूपा सर्वस्य , श्रद्धा भवति भारत ।

श्रद्धामयोऽयं पुरुषः , यो यच्छ्रद्धस् स एव सः ॥ ३

यजन्ते सात्त्विका देवान् , यक्षरक्षांसि राजसाः ।

प्रेतान् भूतगणांश्चान्ये , यजन्ते तामसा जनाः ॥ ४

अशास्त्रविहितं घोरम् , तप्यन्ते ये तपो जनाः ।

दम्भाहङ्कारसंयुक्ताः , कामरागबलान्विताः ॥ ५

कर्शयन्तश् शरीरस्थम् , भूतग्रामम् अचेतसः ।

मां चैवान्तःशरीरस्थम् ,तान् विद्ध्यासुरनिश्चयान् ॥ ६

आहारस् त्वपि सर्वस्य , त्रिविधो भवति प्रियः ।

यज्ञस् तपस् तथा दानम् , तेषां भेदम् इमं श्रृणु ॥ ७

आयुःसत्त्वबलारोग्य-सुखप्रीतिविवर्धनाः ।

रस्यास् स्निग्धास् स्थिरा हृद्याः ,

आहारास् सात्त्विकप्रियाः ॥ ८

कट्वम्ललवणात्युष्ण-तीक्ष्णरूक्षविदाहिनः ।

आहारा राजसस्येष्टाः , दुःखशोकामयप्रदाः ॥ ९

यातयामं गतरसम् , पूति पर्युषितं च यत् ।

उच्छिष्टम् अपि चामेध्यम् , भोजनं तामसप्रियम् ॥ १०

अफलाकाङ्क्षिभिर् यज्ञः , विधिदृष्टो य इज्यते ।

यष्टव्यम् एवेति मनः , समाधाय स सात्त्विकः ॥ ११

अभिसन्धाय तु फलम् , दम्भार्थम् अपि चैव यत् ।

इज्यते भरतश्रेष्ठ , तं यज्ञं विद्धि राजसम् ॥ १२

विधिहीनम् असृष्टान्नम् , मन्त्रहीनम् अदक्षिणम् ।

श्रद्धाविरहितं यज्ञम् , तामसं परिचक्षते ॥ १३

देवद्विजगुरुप्राज्ञपूजनं शौचम् आर्जवम् ।
ब्रह्मचर्यम् अहिंसा च , शारीरं तप उच्यते ॥ १४
अनुद्वेगकरं वाक्यम् , सत्यं प्रियहितं च यत् ।
स्वाध्यायाभ्यसनं चैव , वाङ्मयं तप उच्यते ॥ १५
मनःप्रसादस् सौम्यत्वम् , मौनम् आत्मविनिग्रहः ।
भावसंशुद्धिर् इत्येतत् , तपो मानसम् उच्यते ॥ १६
श्रद्धया परया तप्तम् , तपस् तत् त्रिविधं नरैः ।
अफलाकाङ्क्षिभिर् युक्तैः , सात्त्विकं परिचक्षते ॥ १७
सत्कारमानपूजार्थम् , तपो दम्भेन चैव यत् ।
क्रियते तद् इह प्रोक्तम् , राजसं चलम् अध्रुवम् ॥ १८
मूढग्राहेणात्मनो यत् , पीडया क्रियते तपः ।
परस्योत्सादनार्थं वा , तत् तामसम् उदाहृतम् ॥ १९
दातव्यम् इति यद् दानम् , दीयतेऽनुपकारिणे ।
देशे काले च पात्रे च , तद् दानं सात्त्विकं स्मृतम् ॥ २०

यत् तु प्रत्युपकारार्थम् , फलम् उद्दिश्य वा पुनः ।
दीयते च परिक्लिष्टम् , तद् दानं राजसं स्मृतम् ॥ २१

अदेशकाले यद् दानम् , अपात्रेभ्यश्च दीयते ।
असत्कृतम् अवज्ञातम् , तत् तामसम् उदाहृतम् ॥ २२

ॐ तत् सद् इति निर्देशः , ब्रह्मणस् त्रिविधस् स्मृतः ।
ब्राह्मणास् तेन वेदाश्च , यज्ञाश्च विहिताः पुरा ॥ २३

तस्माद् ॐ इत्युदाहृत्य , यज्ञदानतपःक्रियाः ।
प्रवर्तन्ते विधानोक्ताः , सततं ब्रह्मवादिनाम् ॥ २४

तद् इत्यनभिसन्धाय , फलं यज्ञतपःक्रियाः ।
दानक्रियाश्च विविधाः , क्रियन्ते मोक्षकाङ्क्षिभिः ॥ २५

सद्भावे साधुभावे च , सद् इत्येतत् प्रयुज्यते ।
प्रशस्ते कर्मणि तथा , सच् छब्दः पार्थ युज्यते ॥ २६

यज्ञे तपसि दाने च , स्थितिस् सदिति चोच्यते ।
कर्म चैव तदर्थीयम् , सद् इत्येवाभिधीयते ॥ २७

अश्रद्धया हुतं दत्तम् , तपस् तप्तं कृतं च यत् ।
असदित्युच्यते पार्थ , न च तत् प्रेत्य नो इह ॥ २८

ॐ तत् सत् ।

इति श्रीमद्भगवद्गीतासु उपनिषत्सु ब्रह्मविद्यायां योगशास्त्रे श्रीकृष्णार्जुनसंवादे श्रद्धा-त्रय-विभाग-योगो नाम सप्तदशोऽध्यायः

॥ १७ ॥

ॐ श्री परमात्मने नमः । अथ अष्टादशोऽध्यायः

अर्जुन उवाच

सन्न्यासस्य महाबाहो , तत्त्वम् इच्छामि वेदितुम् ।

त्यागस्य च हृषीकेश , पृथक् केशिनिषूदन ॥ १

श्री भगवान् उवाच

काम्यानां कर्मणां न्यासम् , सन्न्यासं कवयो विदुः ।

सर्वकर्मफलत्यागम् , प्राहुस् त्यागं विचक्षणाः ॥ २

त्याज्यं दोषवदित्येके , कर्म प्राहुर् मनीषिणः ।

यज्ञदानतपःकर्म , न त्याज्यम् इति चापरे ॥ ३

निश्चयं शृणु मे तत्र , त्यागे भरतसत्तम ।

त्यागो हि पुरुषव्याघ्र , त्रिविधस् सम्प्रकीर्तितः ॥ ४

यज्ञदानतपःकर्म , न त्याज्यं कार्यमेव तत् ।

यज्ञो दानं तपश्चैव , पावनानि मनीषिणाम् ॥ ५

एतान्यपि तु कर्माणि , सङ्गं त्यक्त्वा फलानि च ।

कर्तव्यानीति मे पार्थ , निश्चितं मतम् उत्तमम् ॥ ६

नियतस्य तु सन्न्यासः , कर्मणो नोपपद्यते ।

मोहात् तस्य परित्यागः , तामसꣳ परिकीर्तितः ॥ ७

दुःखम् इत्येव यत् कर्म , कायक्लेशभयात् त्यजेत् ।

स कृत्वा राजसं त्यागम् , नैव त्यागफलं लभेत् ॥ ८

कार्यम् इत्येव यत् कर्म , नियतं क्रियतेऽर्जुन ।

सङ्गं त्यक्त्वा फलं चैव , स त्यागस् सात्त्विको मतः ॥ ९

न द्वेष्ट्यकुशलं कर्म , कुशले नानुषज्जते ।

त्यागी सत्त्वसमाविष्टः , मेधावी छिन्नसंशयः ॥ १०

न हि देहभृता शक्यम् , त्यक्तुं कर्माण्यशेषतः ।

यस्तु कर्मफलत्यागी , स त्यागीत्यभिधीयते ॥ ११

अनिष्टम् इष्टं मिश्रं च , त्रिविधं कर्मणꣳ फलम् ।

भवत्यत्यागिनां प्रेत्य , न तु सन्न्यासिनां क्वचित् ॥ १२

पञ्चैतानि महाबाहो , कारणानि निबोध मे ।

साङ्ख्ये कृतान्ते प्रोक्तानि , सिद्धये सर्वकर्मणाम् ॥ १३

अधिष्ठानं तथा कर्ता , करणं च पृथग्विधम् ।

विविधाश्च पृथक् चेष्टाः , दैवं चैवात्र पञ्चमम् ॥ १४

शरीरवाङ्मनोभिर् यत् , कर्म प्रारभते नरः ।

न्याय्यं वा विपरीतं वा , पञ्चैते तस्य हेतवः ॥ १५

तत्रैवं सति कर्तारम् , आत्मानं केवलं तु यः ।

पश्यत्यकृतबुद्धित्वात् , न स पश्यति दुर्मतिः ॥ १६

यस्य नाहङ्कृतो भावः , बुद्धिर् यस्य न लिप्यते ।

हत्वापि स इमाँल् लोकान् , न हन्ति न निबध्यते ॥ १७

ज्ञानं ज्ञेयं परिज्ञाता , त्रिविधा कर्मचोदना ।

करणं कर्म कर्तेति , त्रिविधः कर्मसङ्ग्रहः ॥ १८

ज्ञानं कर्म च कर्ता च , त्रिधैव गुणभेदतः ।

प्रोच्यते गुणसङ्ख्याने , यथावच् छृणु तान्यपि ॥ १९

सर्वभूतेषु येनैकम् , भावम् अव्ययम् ईक्षते ।

अविभक्तं विभक्तेषु , तज् ज्ञानं विद्धि सात्त्विकम् ॥ २०

पृथक्त्वेन तु यज् ज्ञानम् , नानाभावान् पृथग्विधान् ।

वेत्ति सर्वेषु भूतेषु , तज् ज्ञानं विद्धि राजसम् ॥ २१

यत् तु कृत्स्नवदेकस्मिन् , कार्ये सक्तम् अहैतुकम् ।

अतत्त्वार्थवदल्पं च , तत् तामसम् उदाहृतम् ॥ २२

नियतं सङ्गरहितम् , अरागद्वेषतः कृतम् ।

अफलप्रेप्सुना कर्म , यत् तत् सात्त्विकम् उच्यते ॥ २३

यत् तु कामेप्सुना कर्म , साहङ्कारेण वा पुनः ।

क्रियते बहुलायासम् , तद् राजसम् उदाहृतम् ॥ २४

अनुबन्धं क्षयं हिंसाम् , अनवेक्ष्य च पौरुषम् ।

मोहाद् आरभ्यते कर्म , यत् तत् तामसम् उच्यते ॥ २५

मुक्तसङ्गोऽनहंवादी , धृत्युत्साहसमन्वितः ।

सिद्ध्यसिद्ध्योर् निर्विकारः ,

कर्ता सात्त्विक उच्यते ॥ २६

रागी कर्मफलप्रेप्सुः , लुब्धो हिंसात्मकोऽशुचिः ।

हर्षशोकान्वितः कर्ता , राजसः परिकीर्तितः ॥ २७

अयुक्तः प्राकृतस् स्तब्धः , शठो नैष्कृतिकोऽलसः ।
विषादी दीर्घसूत्री च , कर्ता तामस उच्यते ॥ २८

बुद्धेर् भेदं धृतेश् चैव , गुणतस् त्रिविधं शृणु ।
प्रोच्यमानम् अशेषेण , पृथक्त्वेन धनञ्जय ॥ २९

प्रवृत्तिं च निवृत्तिं च , कार्याकार्ये भयाभये ।
बन्धं मोक्षं च या वेत्ति , बुद्धिस् सा पार्थ सात्त्विकी ॥ ३०

यया धर्मम् अधर्मं च , कार्यं चाकार्यमेव च ।
अयथावत् प्रजानाति , बुद्धिस् सा पार्थ राजसी ॥ ३१

अधर्मं धर्मम् इति या , मन्यते तमसावृता ।
सर्वार्थान् विपरीतांश्च , बुद्धिस् सा पार्थ तामसी ॥ ३२

धृत्या यया धारयते , मनःप्राणेन्द्रियक्रियाः ।
योगेनाव्यभिचारिण्या , धृतिस् सा पार्थ सात्त्विकी ॥ ३३

यया तु धर्मकामार्थान् , धृत्या धारयतेऽर्जुन ।
प्रसङ्गेन फलाकाङ्क्षी , धृतिस् सा पार्थ राजसी ॥ ३४

यया स्वप्नं भयं शोकम् , विषादं मदम् एव च ।
न विमुञ्चति दुर्मेधाः , धृतिस् सा पार्थ तामसी ॥ ३५

सुखं त्विदानीं त्रिविधम् , शृणु मे भरतर्षभ ।
अभ्यासाद् रमते यत्र , दुःखान्तं च निगच्छति ॥ ३६

यत् तद् अग्रे विषम् इव , परिणामेऽमृतोपमम् ।
तत् सुखं सात्त्विकं प्रोक्तम् , आत्मबुद्धिप्रसादजम् ॥ ३७

विषयेन्द्रियसंयोगात् , यत् तद् अग्रेऽमृतोपमम् ।
परिणामे विषम् इव , तत् सुखं राजसं स्मृतम् ॥ ३८

यद् अग्रे चानुबन्धे च , सुखं मोहनम् आत्मनः ।
निद्रालस्यप्रमादोत्थम् , तत् तामसम् उदाहृतम् ॥ ३९

न तद् अस्ति पृथिव्यां वा , दिवि देवेषु वा पुनः ।
सत्त्वं प्रकृतिजैर् मुक्तम् ,यदेभिस् स्यात् त्रिभिर् गुणैः ॥ ४०

ब्राह्मणक्षत्रियविशाम् , शूद्राणां च परन्तप ।
कर्माणि प्रविभक्तानि , स्वभावप्रभवैर् गुणैः ॥ ४१

शमो दमस् तपश् शौचम् , क्षान्तिर् आर्जवम् एव च ।

ज्ञानं विज्ञानम् आस्तिक्यम् , ब्रह्मकर्म स्वभावजम् ॥ ४२

शौर्यं तेजो धृतिर् दाक्ष्यम् , युद्धे चाप्यपलायनम् ।

दानम् ईश्वरभावश् च , क्षात्रं कर्म स्वभावजम् ॥ ४३

कृषिगौरक्ष्यवाणिज्यम् , वैश्यकर्म स्वभावजम् ।

परिचर्यात्मकं कर्म , शूद्रस्यापि स्वभावजम् ॥ ४४

स्वे स्वे कर्मण्यभिरतः , संसिद्धिं लभते नरः ।

स्वकर्मनिरतस् सिद्धिम् ,यथा विन्दति तच् छृणु ॥ ४५

यतꣳ प्रवृत्तिर् भूतानाम् , येन सर्वम् इदं ततम् ।

स्वकर्मणा तमभ्यर्च्य , सिद्धिं विन्दति मानवः ॥ ४६

श्रेयान् स्वधर्मो विगुणः , परधर्मात् स्वनुष्ठितात् ।

स्वभावनियतं कर्म , कुर्वन् नाप्नोति किल्बिषम् ॥ ४७

सहजं कर्म कौन्तेय , सदोषम् अपि न त्यजेत् ।

सर्वारम्भा हि दोषेण , धूमेनाग्निर् इवावृताः ॥ ४८

असक्तबुद्धिस् सर्वत्र , जितात्मा विगतस्पृहः ।

नैष्कर्म्यसिद्धिं परमाम् , सन्न्यासेनाधिगच्छति ॥ ४९

सिद्धिं प्राप्तो यथा ब्रह्म , तथा आप्नोति निबोध मे ।

समासेनैव कौन्तेय , निष्ठा ज्ञानस्य या परा ॥ ५०

बुद्ध्या विशुद्धया युक्तः , धृत्यात्मानं नियम्य च ।

शब्दादीन् विषयांस्त्यक्त्वा , रागद्वेषौ व्युदस्य च ॥ ५१

विविक्तसेवी लघ्वाशी , यतवाक्कायमानसः ।

ध्यानयोगपरो नित्यम् , वैराग्यं समुपाश्रितः ॥ ५२

अहङ्कारं बलं दर्पम् , कामं क्रोधं परिग्रहम् ।

विमुच्य निर्ममश् शान्तः , ब्रह्मभूयाय कल्पते ॥ ५३

ब्रह्मभूतᳶ प्रसन्नात्मा , न शोचति न काङ्क्षति ।

समस् सर्वेषु भूतेषु , मद्भक्तिं लभते पराम् ॥ ५४

भक्त्या माम् अभिजानाति ,यावान् यश् चास्मि तत्त्वतः।

ततो मां तत्त्वतो ज्ञात्वा , विशते तद् अनन्तरम् ॥ ५५

सर्वकर्माण्यपि सदा , कुर्वाणो मद्व्यपाश्रयः ।

मत्प्रसादाद् अवाप्नोति , शाश्वतं पदम् अव्ययम् ॥ ५६

चेतसा सर्वकर्माणि , मयि सन्न्यस्य मत्परः ।

बुद्धियोगम् उपाश्रित्य , मच्चित्तस् सततं भव ॥ ५७

मच्चित्तस् सर्वदुर्गाणि , मत्प्रसादात् तरिष्यसि ।

अथ चेत् त्वम् अहङ्कारात् ,न श्रोष्यसि विनङ्क्ष्यसि॥५८

यद् अहङ्कारम् आश्रित्य , न योत्स्य इति मन्यसे ।

मिथ्यैष व्यवसायस् ते , प्रकृतिस् त्वां नियोक्ष्यति ॥ ५९

स्वभावजेन कौन्तेय , निबद्धस् स्वेन कर्मणा ।

कर्तुं नेच्छसि यन् मोहात् , करिष्यस्यवशोऽपि तत् ॥ ६०

ईश्वरस् सर्वभूतानाम् , हृद्देशेऽर्जुन तिष्ठति ।

भ्रामयन् सर्वभूतानि , यन्त्रारूढानि मायया ॥ ६१

तमेव शरणं गच्छ , सर्वभावेन भारत ।

तत्प्रसादात् परां शान्तिम् ,स्थानं प्राप्स्यसि शाश्वतम्॥६२

इति ते ज्ञानम् आख्यातम् , गुह्याद् गुह्यतरं मया ।

विमृश्यैतद् अशेषेण , यथेच्छसि तथा कुरु ॥ ६३

सर्वगुह्यतमं भूयः , शृणु मे परमं वचः ।

इष्टोऽसि मे दृढम् इति , ततो वक्ष्यामि ते हितम् ॥ ६४

मन्मना भव मद्भक्तः , मद्याजी मां नमस्कुरु ।

मामेवैष्यसि सत्यं ते , प्रतिजाने प्रियोऽसि मे ॥ ६५

सर्वधर्मान् परित्यज्य , माम् एकं शरणं व्रज ।

अहं त्वा सर्वपापेभ्यः , मोक्षयिष्यामि मा शुचः ॥ ६६

इदं ते नातपस्काय , नाभक्ताय कदाचन ।

न चाशुश्रूषवे वाच्यम् , न च मां योऽभ्यसूयति ॥ ६७

य इमं परमं गुह्यम् , मद्भक्तेष्वभिधास्यति ।

भक्तिं मयि परां कृत्वा , मामेवैष्यत्यसंशयः ॥ ६८

न च तस्मान् मनुष्येषु , कश्चिन्मे प्रियकृत्तमः ।

भविता न च मे तस्मात् , अन्यः प्रियतरो भुवि ॥ ६९

अध्येष्यते च य इमम् , धर्म्यं संवादमावयोः ।

ज्ञानयज्ञेन तेनाहम् , इष्टस् स्याम् इति मे मतिः ॥ ७०

श्रद्धावान् अनसूयश् च , शृणुयाद् अपि यो नरः ।

सोऽपि मुक्तश् शुभाँल्लोकान् ,

प्राप्नुयात् पुण्यकर्मणाम् ॥ ७१

कच्चिद् एतच् छ्रुतं पार्थ , त्वयैकाग्रेण चेतसा ।

कच्चिद् अज्ञानसम्मोहः , प्रनष्टस् ते धनञ्जय ॥ ७२

अर्जुन उवाच

नष्टो मोहस् स्मृतिर् लब्धा , त्वत्प्रसादान् मयाच्युत ।

स्थितोऽस्मि गतसन्देहः , करिष्ये वचनं तव ॥ ७३

सञ्जय उवाच

इत्यहं वासुदेवस्य , पार्थस्य च महात्मनः ।

संवादम् इमम् अश्रौषम् , अद्भुतं रोमहर्षणम् ॥ ७४

व्यासप्रसादाच् छ्रुतवान् , एतद् गुह्यम् अहं परम् ।

योगं योगेश्वरात् कृष्णात् ,साक्षात् कथयतस् स्वयम् ॥ ७५

राजन् संस्मृत्य संस्मृत्य , संवादम् इमम् अद्भुतम् ।
केशवार्जुनयोॅ पुण्यम् , हृष्यामि च मुहुर् मुहुः ॥ ७६

तच् च संस्मृत्य संस्मृत्य , रूपम् अत्यद्भुतं हरेः ।
विस्मयो मे महान् राजन् , हृष्यामि च पुनॅ पुनः ॥ ७७

यत्र योगेश्वरॅ कृष्णः , यत्र पार्थो धनुर्धरः ।
तत्र श्रीर् विजयो भूतिः , ध्रुवा नीतिर् मतिर् मम ॥ ७८

ॐ तत् सत् ।

इति श्रीमद्भगवद्गीतासु उपनिषत्सु ब्रह्मविद्यायां योगशास्त्रे श्रीकृष्णार्जुनसंवादे मोक्ष-सन्न्यास-योगो नाम अष्टादशोऽध्यायः

॥ १८ ॥

Ending Prayer

गुरुर् ब्रह्मा गुरुर् विष्णुः

गुरुर् देवो महेश्वरः ।

गुरुस् साक्षात् परं ब्रह्म

तस्मै श्रीगुरवे नमः ॥

श्री गुरुभ्यो नमः हरिः ॐ ।

श्री कृष्णार्पणमस्तु ॥

9 789348 012708

Printed at Repro India Ltd.